A Poesia como Pintura

Estudos Literários 49

ÁLVARO CARDOSO GOMES

A Poesia como Pintura
A *Ekphrasis* em Albano Martins

Copyright © 2015 by Álvaro Cardoso Gomes

Direitos reservados e protegidos pela Lei 9.610 de 19 de fevereiro de 1998.
É proibida a reprodução total ou parcial sem autorização, por escrito, da editora.

Dados Internacionais de Catalogação na Publicação (CIP)
(Câmara Brasileira do Livro, SP, Brasil)

Gomes, Álvaro Cardoso
*A Poesia como Pintura: a Ekphrasis em Albano
Martins* / Álvaro Cardoso Gomes. – Cotia, SP:
Ateliê Editorial, 2015. – (Coleção Estudos Literários)

ISBN 978-85-7480-699-0
Bibliografia.

1. Crítica literária   2. Martins, Albano, 1930-
3. Pintura   4. Poesia   I. Título.   II. Série.

15-00455   CDD-801.95

Índices para catálogo sistemático:
1. Análise literária   801.95

Direitos reservados à
ATELIÊ EDITORIAL
Estrada da Aldeia de Carapicuíba, 897
06709-300 – Granja Viana – Cotia – SP
Telefax: (11) 4612-9666
www.atelie.com.br / contato@atelie.com.br
2015
Printed in Brazil
Foi feito o depósito legal

Alguns pincéis fizeram
do muro uma tela. O que ali
se lê não é
o que ali se expõe, o que ali
se escreve. As tintas são letras
que não têm voz.

ALBANO MARTINS, "Tela", *Escrito a Vermelho.*

*Este livro é dedicado, de modo especial,
ao Albano Martins e à Kay.*

Também é dedicado amorosamente à Eliane.

Sumário

Agradecimentos 13

Apresentação. 15

PARTE I: A *EKPHRASIS* – SUA ORIGEM E SEU CONCEITO

1. Um Conceito de *Ekphrasis* .19

2. A *Ekphrasis* como Mimesis da Cultura 31

3. A *Ekphrasis* de Artes Gráficas na Antiguidade 35
  O Escudo de Aquiles, de Homero 36
  A Taça do "Idílio I", de Teócrito 43

4. A *Ekphrasis* em Textos do Século XIX 47
  A Urna Grega de Keats 48
  Os Dois Vasos de Alberto de Oliveira. 57
  O Prolongamento das Emoções em Verlaine 60

12 A POESIA COMO PINTURA

5. A *Ekphrasis* na Modernidade 65

Wallace Stevens e a Jarra Desnuda 65

Murilo Mendes e *O Casal Arnolfini* 69

Almeida Faria, as Fantasmagorias de um Colecionador . . . 72

Péricles Prade e a Intertextualidade 80

Saramago e sua Tela Sincrética. 91

Parte ii: Albano Martins: Um Modo de Olhar e Dizer

1. O *Corpus* Ecfrástico de Albano Martins 105

2. O Sentido de um Título e de Dois Subtítulos 111

3. A Ativação de Implícitos 117

4. A Afirmação de Eros 131

5. A *Ekphrasis* como a Expansão do Olhar 147

Entrevista com o Poeta 151

Bibliografia 157

Obras do Autor 163

Agradecimentos

Meus agradecimentos à Fapesp que me concedeu auxílio para minha pesquisa em Portugal e para a publicação deste livro.

Meus agradecimentos à Doutora Manuela Trigo, Vice-Reitora da Universidade Fernando Pessoa, que me propiciou moradia na Residência Universitária, durante a vigência da bolsa, e à Doutora Maria João Reynaud, professora da Faculdade de Letras da Universidade do Porto, que, como minha supervisora, concedeu-me todo o suporte acadêmico possível.

Meus agradecimentos à Universidade de Santo Amaro (UNISA) que vem me fornecendo auxílio para pesquisas.

Apresentação

———◆———

Este livro nasceu, a princípio, de leituras da obra de Albano Martins, que resultaram em inúmeros artigos publicados no Brasil e em Portugal e num livro, *A Melodia do Silêncio*, publicado em 2005. Mais adiante, minhas pesquisas conduziram-me para o campo das relações entre a Literatura e as Artes Plásticas, o que teve como resultado a publicação, em 2010, de *A Literatura e as Artes Visuais: Diálogos em Espelho* (em colaboração com Eliane de Alcântara Teixeira). A partir daí, comecei a me concentrar no estudo da figura da *ekphrasis*, publicando os seguintes ensaios a respeito desse tópico: "Energizando o Olhar", sobre a poesia de Albano Martins e "*Ekphrasis* e o Diálogo Intertextual em Péricles Prade", um dos capítulos do livro *Alçapão de Imagens*, publicado em 2012.

A Pintura como Poesia divide-se em duas partes; na primeira, trato do conceito da *ekphrasis*, desde seu sentido mais amplo, como simples descrição poética de seres e objetos, até seu sentido mais restrito, como descrição de objetos das artes gráficas.

Para exemplificar, há análise de diferentes autores, desde a Grécia antiga, passando pelos séculos XVIII e XIX, até chegar à modernidade. Na segunda parte do livro, concentro-me no estudo específico de *A Voz do Olhar*, obra poética de Albano Martins, constituída toda ela de *ekphrasis*.

ACG

PARTE I

A *Ekphrasis* – Sua Origem e seu Conceito

1

Um Conceito de *Ekphrasis*

Etimologicamente, a palavra *ekphrasis* (do grego *ek*, "até o fim" e *phrazô*, "fazer compreender, mostrar, explicar") pode ser definida como "a ação de ir até o fim". Mais adiante, aproximadamente no século III d.C., passa a ter o sentido genérico de "descrição"[1], que, de acordo com Françoise Desbordes, apresenta as seguintes características:

> [...] faz ver pessoas, acontecimentos, momentos, lugares, animais, plantas, de acordo com regras específicas sobre as questões a serem abordadas e a ordem nas quais as examina. O estilo será adaptado ao assunto e, sobretudo, se aplicará a *colocar sob os olhos* do auditório aquilo de que se fala – os retóricos chamam esta qualidade de *enargeia* (*evidentia* em latim)[2].

1. Barbara Cassin, *L'effet sophistique*, Paris, Gallimard, 1995, p. 680.
2. Françoise Desbordes, *La rhétorique antique*, Paris, Hachette, 1996, p. 135.

A descrição há, pois, que possuir algumas qualidades essenciais, se o fim que se deseja é o de causar um efeito expressivo no destinatário. Ao ver do sofista alexandrino Aelius Théon, ela necessita ter "a claridade, sobretudo, a visibilidade que faz quase ver o que se expõe"[3]. Em outras palavras, por meio da comunicação verbal, presta-se a tornar aquilo que está distante e, portanto, inacessível, próximo do leitor, de preferência, dirigindo-se-lhe aos *olhos*: "uma descrição que realça o que vem ilustrado vivamente antes na percepção de alguém"[4].

Contudo, se identificarmos a *ekphrasis* com a descrição pura e simples, verificaremos que tal identificação, de certo modo, ainda que correta, tirará dessa figura retórica sua especificidade, como se ela correspondesse tão só a qualquer tipo de enumeração de "pessoas, acontecimentos, momentos, lugares, animais, plantas", a que se refere Desbordes. É preciso dizer, pois, que, com o tempo, esse sentido primeiro é acrescido de outro mais específico, para determinar o verdadeiro *quid* da *ekphrasis*. Ao invés de ela somente se referir à simples descrição, apresentando-se, por conseguinte, como contrafação do mundo natural, com a consequente enumeração de seres e objetos, começa a ter um sentido mais restritivo, porém, mais significativo: como aquele tipo de descrição em que a expressão verbal procura equivaler à expressão não-verbal, ao se utilizar de expedientes retóricos que possam mimetizar os expedientes técnicos utilizados pelos pintores na composição de suas telas.

No sentido mais amplo das descrições, o poeta "copia" os objetos e seres do mundo real por meio das palavras, de maneira a colocá-los diante de nossos olhos; no sentido mais restrito, o poeta, por meio da expressão verbal, visa a imitar procedimentos pictóricos, como vem a observar Massaud Moisés:

---

3. Aelius Théon, *Exercices préliminaires*, apud Françoise Desbordes, *op. cit.*, p. 226.
4. Shadi Bartsch, *Decoding the Ancient Novel: The Reader and the Role of Description in Heliodorus and Achilles Tatius*, Princepton, 1989, p. 9, *apud* James A. W. Heffernan, *"Ekphrasis* and Representation", *New Literary History*, vol. 22, nº 2, Charlottesville, The University of Virginia, Spring 1991: 297-316, nota 1, p. 297.

UM CONCEITO DE *EKPHRASIS* 21

Com a Segunda Sofística (século iii-iv a.C.), e mais adiante graças a Aelius Théon e Hermógenes, alargou-se o sentido, de modo a confundir-se com a *descriptio* latina e a cruzar com o *ut pictura poesis*. No primeiro caso, referia-se a todas as formas de representar verbalmente os objetos do mundo material: o mundo converte-se em palavras. No segundo, buscava-se linguagem equivalente à descrição pictórica: desejava-se uma representação verbal simétrica da representação plástica. Ali, teríamos uma descrição de primeiro grau, ou simples descrição; aqui, de segundo grau, ou dupla descrição[5].

A concepção de literatura como similar à pintura, cumprindo o preceito do *ut pictura poesis* de Horácio[6], repousa no princípio clássico de que a poesia deve ser uma arte mimética por excelência, ou seja, é conveniente que o poeta reproduza o mundo natural, por meio das palavras, mas procurando se utilizar de expedientes próprios dos pintores, como a enumeração de seres e objetos, a objetividade, a visualização, o cromatismo. Todavia, há que se observar que esta "reprodução do mundo natural" levará em conta não a natureza bruta em si, mas a natureza melhorada, vista em seus aspectos mais aprazíveis, para não só causar prazer no auditório, mas também para educá-lo com a visão do que é belo:

Os defensores da arte, clássicos e neoclássicos por igual, resolveram o problema alegando que a poesia imita não o real, mas conteúdos, qualidades, tendências ou formas seletos que estão dentro ou por detrás do real, elementos verídicos da constituição do universo, que são de valor mais alto que a realidade mesma, grosseira e indiscriminada. Ao refleti-la, o espelho posto frente à natureza reflete o que, por oposição à "natureza", os críticos ingleses amiúde chamam de "natureza melhorada", ou "realçada", ou "refinada", ou com a expressão francesa *la belle nature*. Esta, dizia Bateux, não é "o verda-

---

5. Massaud Moisés, *Dicionário de Termos Literários*, 12. ed., São Paulo, Cultrix, 2004, pp. 135-136.
6. Horácio, *Arte Poética*, Lisboa, Clássica Editora, s.d., p. 109.

deiro real, mas o verdadeiro possível, o verdadeiro ideal, que está representado como se existisse realmente e com todas as perfeições que pudesse receber"[7].

Entende-se, pelo texto acima, que os poetas devem promover uma seleção de aspectos do real, para captar tão só a sua essência, porquanto a realidade aparente é "grosseira" e não apresenta o necessário equilíbrio entre os seus elementos. Isso acontece devido ao fato de que a verdadeira *mimesis* poética

[...] nunca foi uma cópia fiel do objecto "imitado", mas, apenas, essa "aproximação" de que já fala Platão. Para este filósofo, "o conceito flutua", acabando por admitir, no *Filebo*, que "a boa *mimesis*" levaria o artista a aproximar-se da estrutura essencial da realidade, a qual permite fixar o que é universal e permanente[8].

Esse tipo de descrição ecfrástica que imita a pintura, por meio dos recursos pictóricos, adaptados à expressão verbal, e, ao mesmo tempo, procura reproduzir os aspectos mais positivos e aprazíveis da Natureza, pode ser vista no poema abaixo do poeta árcade Bocage:

> Já se afastou de nós o Inverno agreste
> Envolto nos seus úmidos vapores;
> A fértil Primavera, a mãe das flores,
> O prado ameno de boninas veste.

> Varrendo os ares, o sutil Nordeste
> Os torna azuis; as aves de mil cores
> Adejam entre Zéfiros e Amores,
> E toma o fresco Tejo a cor celeste.

---

7. M. H. Abrams, *El Espejo y la Lámpara*, Buenos Aires, Editorial Nova, 1962, p. 57.
8. Maria João Reynaud, *Fernando Echevarría, Enigma e Transparência*, Porto, Caixotim, 2001, p. 41.

UM CONCEITO DE *EKPHRASIS* 23

Vem, ó Marília, vem lograr comigo
Destes alegres campos a beleza,
Destas copadas árvores o abrigo.

Deixa louvar da corte a vã grandeza:
Quanto me agrada mais estar contigo
Notando as perfeições da Natureza![9]

O poeta tem um interlocutor, sua amada Marília, para quem pinta uma cena bucólica, a fim de que ela possa contemplar o que ainda não contempla ou não contemplou, pelo fato de ser habitante da cidade. Por meio do objeto estético, o sujeito da enunciação torna visível e vivo o que está distante. Isso acontece nas duas primeiras estrofes, nas quais o poeta fala do fim do Inverno e da vinda da Primavera que é, por natureza, toda feminil e cheia de graças. Alguns adjetivos utilizados no poema – "ameno", "sutil", "fresco" – só fazem reforçar essa ideia de um local aprazível, concebido segundo o *topus* clássico do *locus amoenus*. Assim, notam-se dois tempos: o ido, representado pelo pretérito perfeito e que se torna nebuloso, e o presente, em que se dá a fertilização do mundo, por meio do aparecimento das flores no campo. Na segunda estrofe, o caráter visual do soneto mais se acentua, com a referência não só às cores – o azul tanto dos céus quanto do rio, as hiperbólicas "mil cores" das aves –, mas também ao uso das personificações, que dão humanidade ao vento – o Nordeste –, à brisa – os Zéfiros –, e aos Amores. Nesse mundo edênico, tudo se torna concreto e visível, como numa boa pintura, em que mesmo as entidades e/ou deidades pagãs são figuras de carne osso.

Essa tentativa de apropriação dos recursos não-verbais da pintura, por intermédio dos recursos verbais da poesia, nos permite cotejar o soneto de Bocage com o quadro de Botticelli, sintomaticamente intitulado *Primavera* (1482):

9. Bocage, *Poemas Escolhidos*, São Paulo, Cultrix, 1974, pp. 23-24.

Botticelli, *Primavera*, 1482.

Na tela, a deusa Vênus, símbolo do amor, aparece centralizada e secundada, à esquerda, pelas três Graças e por Mercúrio, o mensageiro dos deuses, que, indiferente aos folguedos e celebrações amorosas do mundo natural, torna-se alvo das setas de Cupido, para que também pratique a *ars amatoria*. Nas figuras à direita da deusa do Amor, postam-se entidades que representam o mundo floral e a sexualização da Natureza: a figura feminina coberta de flores e a mulher nua, assediada por Éolo, o deus do vento. A tela, entre outros aspectos, sugere, de modo poético, o princípio botânico da fecundação do mundo vegetal por meio da polinização, que se dá com o auxílio dos ventos. Todo alegórico, o quadro concretiza o abstrato, ao representar a fecundação da Natureza e a perfeita interação entre o mundo virginal e fresco da Primavera e o culto do Amor. É preciso acrescentar também que a tela de Botticelli pode ser lida de uma perspectiva neoplatônica, no sentido de que a contemplação do Belo sensível remete ao Belo absoluto. Para tanto, é necessário, pois, que o pintor seja capaz de selecionar e descrever apenas o que há de mais perfeito na Natureza, ou seja, ele pauta-se pela representação da chamada *belle nature*. Tanto no poema quanto no quadro, há a mesma intenção de captar não a natureza hostil e imperfeita, mas uma natureza toda idealizada. Isso implica apenas o resgistro de aspectos belos e que devem causar grande prazer aos olhos do leitor/espectador e, por conseguinte, conduzi-lo do mundo sensível ao mundo das ideias.

A Natureza pintada, ornamentada pelos tropos, presentifica-se e torna-se um modelo e, como tal, é que educará Marília, a começar pelos sentidos, pois ela deverá gozar de dois aspectos essenciais e inseparáveis desse mundo: a "beleza" e o "abrigo". O primeiro pertence ao plano do estético e o segundo, ao do útil, ou seja: qualquer beleza que se preze, considerada em seu valor absoluto, compreende também um aspecto utilitário. É por isso que o espaço citadino é considerado criticamente como o mundo dos excessos: a sua "grandeza", que se opõe à "beleza" da Natureza, é, ainda por cima, adjetivada por "vã", sinônimo do que não tem utilidade. O poema, ao cabo, segue também o princípio horaciano de que os poetas devem "educar, deleitando"[10]. Para M. H. Abrams, esta orientação crítica, que visa a um auditório, seria denominada "teoria pragmática", na medida em que se considere "a obra de arte principalmente com um meio para um fim, como instrumento para conseguir que se faça algo, e tende a julgar seu valor caso tenha êxito para realizar esse propósito"[11]. Para tanto, ao se utilizar do recurso retórico da apóstrofe, em que se insere uma exortação moral, o poeta deseja educar a mulher. Mas, frise-se bem: o preceito moral, dirigido à amada, de que o campo é melhor que a cidade, porque mais belo e útil, só comparecerá depois que se pintar a cena rupestre. Causa-se assim o deleite aos olhos com a "poesia pintada", para que os pressupostos morais tenham maior efeito sobre o interlocutor.

Contudo, é preciso levar em conta que, no caso do poema, não é a Natureza em si que se apresenta aos olhos da amada e, sim, a sua recriação ecfrástica, sua pintura com palavras. Quem serve de intermediário entre Marília e o mundo natural é o eu-poético que, com o apelo do "poema pintado", em que os signos verbais imitam os signos não-verbais, torna o que está distante,

---

10. "*Aut prodesse voluntant delectare poetae*", Horácio, *op. cit.*, p. 104.

11. M. H. Abrams, *op. cit.*, p. 29.

próximo, *evidente*, ao recriar com cores bem vivas um mundo ideal. A descrição, no caso, é de segundo grau, porque o poeta não representa apenas o mundo natural, mas procura imitar as técnicas descritivas próprias da pintura, ao apelar para o intenso visualismo, para a objetividade e para o cromatismo.

A descrição ecfrástica também é um expediente muito comum da prosa de ficção. Com efeito, nota-se que a *ekphrasis* abunda em contos e romances, constituindo-se num de seus esteios fundamentais, junto com a narração e a dissertação. Mas, em alguns casos, sua função é diversa daquela da poesia, pois, em vez de se prestar à reprodução das imagens de um mundo ideal, que se tornará modelar para um interlocutor, serve para criar a ilusão de realidade e, ao mesmo tempo, indiciar aspectos psicológicos das personagens.

Trazemos, à guisa de exemplo, um fragmento de *O Primo Basílio* de Eça de Queirós:

> Na quinta-feira, os três, que se tinham encontrado na Casa Havanesa, eram introduzidos por uma rapariguita vesga, suja como um esfregão, na sala do conselheiro. Um vasto canapé de damasco amarelo ocupava a parede do fundo, tendo aos pés um tapete onde um chileno roxo caçava ao lado um búfalo cor de chocolate; por cima uma pintura tratada a tons cor-de-carne, e cheia de corpos nus cobertos de capacetes, representava o valente Aquiles arrastando Heitor em torno dos muros de Troia. Um piano de cauda, mudo e triste sob a sua capa de baeta verde, enchia o intervalo das duas janelas. Sobre uma mesa de jogo, entre dois castiçais de prata, uma galguinha de vidro transparente galopava; e o objeto em que se sentia mais o calor do uso era uma caixa de música de dezoito peças![12]

O texto de caráter descritivo, ao criar a ilusão de um mundo real, enumerando seres e objetos e fazendo com que o olhar se detenha em abundantes e significativos detalhes, torna-se, por isso mesmo, francamente mimético. E a mimesis aqui é entendi-

---

12. Eça de Queirós, *O Primo Basílio*, São Paulo, FTD, 1994, p. 305.

UM CONCEITO DE *EKPHRASIS* 27

da em seu sentido mais estrito, com o narrador preocupado em captar os seres e objetos de modo mais realístico possível, com isso, detendo-se na aparência deles. Mas é importante observar que os seres e objetos não se submetem, de maneira plena, à tirania do espaço, como convém a uma boa descrição, porquanto, não demorará muito, começam se submeter aos efeitos do tempo. Não é difícil perceber que os aspectos narrativos, desde o início, se equilibram com a descrição, graças ao movimento das personagens que compareçem no fragmento: os visitantes e a empregada que os recebe. Com efeito: Eça não se contenta com apenas descrever de modo passivo os seres e objetos; pelo contrário, cumpre um dos aspectos fundamentais da *ekphrasis*, que faz que a linguagem liberte "um impulso narrativo que a arte gráfica restringe"[13]. Assim, ao descrever o tapete, o autor não só registra a presença de um chileno e um búfalo em seus desenhos, mas movimenta a cena, ao representar a caçada em si, por meio do verbo no imperfeito a sugerir a continuidade da ação. Algo similar acontece com a cena homérica e a "galguinha de vidro transparente": no primeiro caso, o uso do gerúndio sugere continuidade de ação no ato heroico de Aquiles, que arrasta Heitor em torno dos muros de Troia, e, no segundo, em vez de o bibelô se apresentar de maneira estática, galopa diante dos olhos do leitor. E, por fim, há um outro aspecto a observar, quanto ao caráter ecfrástico do texto de Eça. Adotando-se a ideia de Heffernan, de que a *ekphrasis* seja, ao mesmo tempo, "narrativa e prosopopeica"[14], o narrador humaniza o piano, que, "mudo e triste", por não ser utilizado, apenas serve para encher o espaço entre duas janelas.

Assim se conclui que o princípio da objetividade plena, de acordo com os pressupostos do movimento realista, é atenuado pela intromissão do narrador, cuja presença se nota no símile "suja como um esfregão", atribuído à empregada, na descrição da técnica pictórica da tela presente na sala e, acima de tudo, na

---

13. James A. W. Heffernan, *op. cit.*, p. 302.
14. *Idem*, p. 304.

ironia com que o narrador comenta o pouco uso do piano, escondido sob a capa de baeta verde e do uso contínuo da caixa de música. A esse propósito, o ponto de exclamação, a fechar o parágrafo serve para reiterar esse efeito irônico. A descrição ecfrástica, no fragmento queirosiano, presta-se, pois, num primeiro momento, a criar, por meio de expedientes típicos da pintura, como a descrição, a enumeração, a organização de objetos no espaço, a ilusão de realidade. O leitor, com a atenção chamada para os objetos enumerados, para o intenso cromatismo, para a organização dos objetos na sala, é levado a crer que tem diante dos olhos um determinado espaço, que é *mesmo* real. Todavia, o espaço não é inerme, não conta apenas com a arrumação de objetos, a serem captados pelo olhar dos visitantes. Ao contrário disso, devido à habilidade com que a cena é montada pelo autor, ele é cheio de implícitos, que já servem, entre outras coisas, como indícios da personalidade de quem habita o espaço. Ao dar destaque à narração e à prosopopeia, Eça, não só torna a cena mais viva, mas também destrinça a personalidade do Conselheiro Acácio, um homem que vive de aparências. Senão vejamos: para quem entra na sala, logo lhe são oferecidas as imagens do quadro de motivo clássico e de um piano de cauda, supostos índices de bom gosto, de amor à cultura. Todavia, a tela com motivo homérico tem os corpos nus tratados apenas de maneira monocromática ("tons cor-de-carne"), o que é um índice de pobreza técnica e, por conseguinte, de má pintura. Não bastasse isso, abaixo do quadro há o tapete, decorado com um motivo popular e exótico de cores extravagantes, cuja vulgaridade cria um contraste com a cena clássica, em princípio, considerada como nobre. Quanto ao piano de cauda, além de não ser usado, daí advindo a sua mudez e tristeza, parece servir apenas para ocupar o espaço entre duas janelas. A ironia, presente no último período, serve para acentuar ainda mais a relação aparência/essência da personagem. Em vez de tocar o piano de cauda, que produz um som de alta qualidade, o Conselheiro Acácio costuma se divertir com uma maquineta, "o objeto em que se sentia mais o calor do uso", cuja qualidade sonora é das mais duvidosas, pelo fato de o aparelho, por ser mecânico, dispensar a destreza individual, a performance artística.

Este é, pois, um exemplo clássico do uso da *ekphrasis* na prosa de ficção – como se viu, a descrição não serve apenas para colocar diante dos olhos do leitor, tornado espectador passivo, uma pletora de objetos, ocupando um espaço inerme. Pelo contrário, ela serve para intensificar os índices arrolados pelo narrador para compor o retrato de sua personagem. De maneira bastante hábil, ele descreve determinados objetos, a que anima por meio da narração e da prosopopeia, tornando a cena mais viva e mais crítica. A descrição pura e simples não teria a mesma força, porque não indiciaria, de modo tão incisivo, os traços de personalidade, o caráter da personagem. Em suma: o Conselheiro Acácio, além das revelações iniciais sobre o seu comportamento por parte do narrador, no começo do romance (homem cheio de pose, dono de uma retórica convencional, conservador etc.), *é* também o que seu espaço circundante revela: uma pessoa que deseja vender ao próximo uma determinada imagem, que se desmonta quando o narrador aproxima dos olhos e da sensibilidade do leitor a composição de um ambiente concebido de modo artificial. O morador da casa não tem gosto para arrumar os móveis (que apenas enchem espaços) e nem mesmo sabe como combinar os objetos que considera artísticos. Seu suposto bom gosto, sua cultura de fachada esfacelam-se diante do olhar crítico de Eça de Queirós, que, por meio de seu narrador intruso e irônico, soube como ninguém se utilizar da figura da *ekphrasis*.

2

A *Ekphrasis* como Mimesis da Cultura

Com o tempo, a *ekphrasis* passou a designar não só a simples descrição de seres e objetos do mundo real, mas também e, sobretudo, a descrição de seres e objetos contemplados pelas artes gráficas. Observa-se um deslocamento: deixando em segundo plano o mundo real em si, esta figura retórica foca sua atenção no mundo representado dentro dos limites de uma tela, de uma escultura, de uma fotografia. Ao se constituir numa "representação verbal de representações gráficas"[1], isso teria como resultado que, segundo Barbara Cassin, a *ekphrasis* se tornasse "mais uma mimesis da cultura do que a mimesis da natureza"[2]. É o que se verifica, por exemplo, na descrição dos objetos de um dos aposentos da casa do Conselheiro Acácio, no fragmento do romance *O Primo Basílio*, de Eça de Queirós, examinado anteriormente. Há um detalhe curioso: acontece nessa cena o fenô-

1. James A. W. Heffernan, *op. cit.*, pp. 299-300.
2. Barbara Cassin, *op. cit.*, p. 115.

meno da *ekphrasis* dentro da *ekphrasis*. O narrador descreve a sala com minúcia, com abundância de detalhes, o que já de si implica um princípio ecfrástico por excelência. Eça de Queirós faz assim uma mimesis do real, utilizando meios similares aos de um pintor; contudo, no instante em que descreve, entre outros objetos, a tela e o tapete, a coisa muda de figura: ao descrever um objeto de arte gráfica, ele acaba produzindo a "mimesis da cultura", referida pela autora de *L'Effet sophistique*.

Em outras palavras, a *ekphrasis* usa um meio de representação para representar outro, que mimetiza os seres e objetos do mundo real:

> Não se trata mais de imitar a pintura na medida em que ela procura mostrar o objeto sob os olhos – apreender o objeto –, mas de imitar a pintura enquanto arte mimética – apreender a pintura. Imitar a imitação, produzir um conhecimento não do objeto mais da ficção do objeto, da objetivação[3].

É preciso esclarecer, porém, que não se trata de fazer que o poema seja a mera reprodução passiva de um quadro ou de uma escultura, ou apenas um "clássico poema pictórico", um poema sobre uma pintura ou escultura que imita a autossuficiência do objeto. Conforme Massaud Moisés,

> A ecfrasis não é, não pode restringir-se a ser, mera descrição. Quando se limita a isso, incide na linearidade fotográfica, que significa ausência de sentimento poético, uma vez que este implica a metamorfose do objeto pictórico, pela filtragem e desenvolvimento dos componentes plásticos que acionam as engrenagens do olhar. A ecfrasis poética é uma recriação, tanto quanto a expressão o efeito de uma paisagem natural sobre a sensibilidade do poeta: é uma realidade paralela, não a sua imagem num espelho plano[4].

3. James A. W. Heffernan, *op. cit.*, p. 501.
4. Massaud Moisés, "Albano Martins: A Poética do Olhar", *A Literatura como Denúncia*, São Paulo, Íbis, 2002, pp. 208-225, 216. Maria João Reynaud, em seu livro sobre o poeta português Echevarría, diz algo similar a respeito disso: "*Usar*

A *ekphrasis*, na realidade, ativa implícitos que o quadro ou a escultura, devido à sua natureza, não podem explorar. Como bem observa Maria João Reynaud,

Em termos sartrianos, diríamos que a obra de arte possui um horizonte indefinidamente móvel, que é aqui prolongado pelo olhar invisível daquele que "cria": não apenas por desvelamento, mas por desdobramento ontológico[5].

Ainda conforme Heffernan, "A literatura ecfrástica tipicamente origina-se do fértil momento embriônico do impulso narrativo da arte gráfica, e assim torna explícita a história que a arte gráfica conta somente por sugestão"[6]. É isso que levou o teórico americano a concluir que a *ekphrasis*, para além de representar somente a fixidez de objetos de um quadro, por exemplo, impõe um ritmo, ao mesmo tempo, narrativo e prosopopeico à arte gráfica que, devido aos limites do signo não-verbal, costuma reprimir, na medida em que "o significante pictórico é vazio, pois não guarda sentido algum". E esse sentido só é atingido quando acontece uma "transfiguração, uma metamorfose, em que o significante vazio da pintura é substituído pelo significante pleno da poesia"[7]. Em consequência disso, a descrição ecfrástica faz que as figuras silenciosas de uma tela ou de uma escultura possam falar[8]. A *ekphrasis* acaba por contar uma história desconhecida para o leitor e/ou ouvinte, ao trazer para seus olhos e/ou ouvidos algo que está distante, ou mesmo, ao trazer uma história conhecida, como aquelas presentes em telas clássicas, mas revelando algo que o quadro apenas sugere, deixa implícito. Mas é preciso acrescentar que esta figura retó-

---

a penumbra é libertar a linguagem de uma dependência servil relativamente à imagem pictórica ou escultórica, que seria da ordem do decalque, e fazer dela o instrumento de uma experiência de transfiguração sublime", *op. cit.*, p. 43.

5. Maria João Reynaud, *op. cit.*, p. 42.
6. James A. W. Heffernan, *op. cit.*, p. 301.
7. Massaud Moisés, *op. cit.*, p. 218.
8. James A. W. Heffernan, *op. cit.*, p. 304.

rica introduz o objeto da arte gráfica, essencialmente espacial, no mundo temporal, ao lhe dar movimento e, por conseguinte, o *status* de narrativa. Conforme Heffernan, "a *ekphrasis* tipicamente representa o suspenso momento da arte gráfica, não por recriar sua fixidez em palavras, mas preferencialmente por libertar seu embriônico impulso narrativo"[9]. Contudo, uma ressalva cabe aqui: quando o texto ecfrástico é de caráter poético, não se deve entender a palavra "narrativa" de uma perspectiva prosaica. "Narrativo", nesse caso, dignifica apenas que a *ekphrasis* dá movimento a figuras estáticas (como se observará no texto homérico e em outros poemas analisados neste livro), fazendo--as mover e, porventura, falar.

É o que procuraremos estudar, na sequência, tendo como ponto de partida obras da Antiguidade clássica, obras de autores pertencentes aos movimentos romântico, parnasiano, simbolista e modernista.

---

9. *Idem*, p. 307.

3

A *Ekphrasis* de Artes Gráficas na Antiguidade

Antes de tudo, é preciso refletir que é bastante comum em literatura o poeta e os escritores em geral criarem poemas sobre obras de arte gráfica fictícias, que resultam de um processo imaginativo. Telas, peças escultóricas imaginárias, entre outras manifestações artísticas, podem comparecer em poemas ou em textos narrativos, constituindo assim textos ecfrásticos, com todas suas características essenciais, mas que se diferenciam de outras congêneres, por não permitirem ao leitor o cotejo entre o original pictórico ou escultórico e a representação textual. Isso, em realidade, não tem muita importância, na medida em que se deve considerar acima de tudo a capacidade persuasória do autor, a sua competência em "iludir" o leitor, a ponto de fazê-lo acreditar que o que está sendo descrito tem de fato existência real. Nesses casos, o que se traz para a presença do leitor não é um conjunto de seres e objetos do mundo real, nem mesmo um conjunto de seres e objetos representados numa tela ou escultura real, mas um simulacro de tela ou escultura que, a partir do momento em que se torna um texto ecfrástico, tem tanta realidade quando o universo que nos cerca, bem como as suas representações pictóricas e escultóricas. Na análise das peças ecfrásticas que se seguem, faz-se necessário considerar que algumas delas partem de artes gráficas reais e outras, de modo muito possível, não.

O ESCUDO DE AQUILES, DE HOMERO[1]

Uma das mais antigas e conhecidas peças poéticas ecfrásticas de que se tem notícia é descrição do "escudo de Aquiles" que comparece no canto XVIII, da *Ilíada* de Homero. Esse texto poderia perfeitamente ser considerado "como a 'origem' canônica da ecphrasis clássica", de acordo com W. J. T. Mitchell[2]. Inspirado talvez num escudo real ou em legendas, o fragmento descreve com minúcia esse artefato de guerra que é, devido a seus lavores, ao mesmo tempo, uma obra de arte:

Grande e maciço, primeiro, fabrica o admirável escudo,
com muito esmero, lançando-lhe à volta orla tríplice e clara,
de imenso brilho. De prata, a seguir fez o bálteo vistoso.
Cinco camadas o escudo possuía, gravando na externa
o hábil artífice muitas figuras de excelso traçado.
Nela o ferreiro engenhoso insculpiu a ampla terra e o mar vasto,
o firmamento, o sol claro e incansável, a lua redonda
e as numerosas estrelas, que servem ao céu de coroa.
Pôs nela as Plêiades todas, Orião robustíssimo, as Híades,
e mais, ainda, a Ursa, também pelo nome de Carro chamada,
a Ursa que gira num ponto somente, a Orião sempre espiando,
e que entre todas é a única que não se banha no oceano.
Duas cidades belíssimas de homens de curta existência

1. Nasceu e viveu aproximadamente no século VIII a.C.
2. W. J. T. Mitchell, "La Écfrasis y el Otro", *Teoría de la Imagen*, Madrid, Akal, 2009, pp. 137-162, 158.

A *EKPHRASIS* DE ARTES GRÁFICAS NA ANTIGUIDADE

grava, também. Numa delas celebram-se bodas alegres.
Saem do tálamo os noivos, seguidos por seus convidados,
pela cidade, à luz clara de archotes; os hinos ressoam.
Ao som das flautas e cítaras moços dançavam, formando
roda, em cadência agradável. Nas casas, de pé, junto às portas,
viam-se muitas mulheres que o belo cortejo admiravam.
Cheio se achava o mercado, que dois cidadãos contendiam
sobre quantia a ser paga por causa de um crime de morte:
um declarava ante o povo que tudo saldara a contento;
o outro negava que houvesse, até então, recebido a importância.
Ambos um juiz exigiam, que fim à contenda pusesse.
O povo, à volta, tomava partido, gritando e aplaudindo.
A multidão os arautos acalmam; no centro, os mais velhos
em um recinto sagrado, sentados em pedras polidas,
nas mãos os cetros mantêm dos arautos de voz sonorosa.
Fala cada um por seu turno, de pé, e o seu juízo enuncia.
Quem decidisse com mais equidade, dois áureos talentos
receberia, que ali já se achavam, no meio de todos.
A volta da outra cidade se veem dois imigos exércitos
com reluzente armadura, indecisos nos planos propostos:
ou devastá-la de todo, ou fazer por igual a partilha
das abundantes riquezas que dentro das casas se achavam.
Os cidadãos não se rendem, contudo, e emboscada preparam.
E enquanto as caras esposas, as crianças e os velhos cansados,
cheios de ardor se defendem de cima dos muros bem-feitos,
seguem os homens guiados por Ares e Palas Atena.
Altos e belos, armados tal como convém aos eternos
e facilmente distintos da turba dos homens pequenos,
de ouro ambos eram e de ouro, também, os luzentes vestidos.
Logo que o ponto alcançaram, que haviam adrede escolhido,
perto de um rio vistoso, onde vinha beber todo o armento,
sem se despirem das armas luzentes, se põem de emboscada.
Duas vigias colocam dali a pequena distância,
para avisá-los se ovelhas e reses tardonhas viessem.
Dentro de pouco aparecem, trazidos por dois condutores,
que ao som de gaitas se alegram, sem nada cuidarem da insídia.

Os da emboscada acometem de súbito e, em pouco, se apossam
dos tardos bois, das ovelhas vistosas dotadas de lúcido
velo, tirando a existência aos incautos e imbeles pastores.

Os sitiadores que estavam reunidos em junta, ao ouvirem
a gritaria do assalto aos rebanhos, depressa abalaram
com seus velozes corcéis, alcançando na margem do rio
aos da cidade, e travando com eles renhida batalha,
onde aêneas lanças furiosas causaram recíprocos danos.

Via-se a fera Discórdia, o Tumulto e a funesta e inamável
Parca, que havia agarrado a um ferido, a um guerreiro ainda ileso,
e pelos pés arrastava um terceiro, que a vida perdera.

Dos ombros pendem-lhe as vestes manchadas de sangue dos
    [homens.

Como se fossem mortais, comportavam-se na áspera luta
e arrebatavam das mãos uns dos outros os corpos dos mortos.

Para a lavoura apropriado, um terreno, também, representa
largo e amanhado três vezes, no qual lavradores inúmeros
juntas de bois conduziam no arado, de um lado para o outro.

E quantas vezes o extremo do campo lavrado atingiam,
vinha encontrá-los um homem, que um copo de mosto lhes dava,
doce e agradável. Depois de beber, novos sulcos abriam,
só desejosos de o linde alcançar do agro pingue e profundo.

Preta era a terra que atrás lhes ficava, apesar de ser de ouro,
e parecia revolta, espetác'lo, em verdade, estupendo.

Um campo real, também, grava, onde messe alourada se via
e os segadores, que a ceifam, na mão tendo foices afiadas.

Molhos caíam, sem pausa, por terra, ao comprido dos sulcos.

Os molhos juntam em feixes, ligados com junco flexível,
três atadores; aos pés uns meninos braçados de molhos
continuamente lhes jogam, que ao longo dos sulcos recolhem.

O coração satisfeito, de pé, bem no meio de um sulco,
o rei se achava, sem nada dizer, sustentando áureo cetro.

Sob um carvalho os arautos um boi corpulento já haviam,
para o banquete, imolado; as mulheres o almoço aprontavam
dos segadores, cobrindo os assados com branca farinha.

Representou uma vinha, também, carregada e belíssima;

de ouro brilhante era a cepa e de viva cor negra os racimos,
que sustentados se achavam por muitas estacas de prata.
De aço era o fosso gravado em redor; mas a cerca de cima
de puro estanho. Um caminho, somente, ia dar até à vinha,
que os vinhateiros percorrem no tempo da bela vindima.
Moços e moças, no viço da idade, de espírito alegre,
o doce fruto carregam em cestas de vime trançado.
Com uma lira sonora, no meio do grupo, um mancebo
o hino de Lino entoava com voz delicada, à cadência
suave da música, e todos, batendo com os pés, compassados,
em coro, alegres, o canto acompanham, dançando com ritmo.
De boi de chifres erectos manada vistosa ali grava.
Uns animais eram de ouro; outros feitos de estanho luzente.
Saem do estáb'lo nessa hora, a mugir, para o pasto, que ao lado
se acha de um rio sonoro com margens de canas flexíveis.
Quatro pastores os bois conduziam, também de ouro puro;
por nove cães protegidos, de rápidos pés, vinham todos.
Mas, de repente, dois leões formidáveis o gado acometem
e o touro empolgam, que o espaço atroava com tristes mugidos,
enquanto os leões o arrastavam; mancebos e cães os perseguem.
As duas feras, porém, pós haverem a rês lacerado,
o negro sangue e as entranhas lhe chupam. Em vão os pastores
os cães contra eles açulam, pavor intentando incutir-lhes.
Não se atreviam, contudo, os forçudos mastins a atacá-los,
mas, esquivando-se sempre dos leões, só com ladros investem.
Um grande prado, também, representa o ferreiro possante,
num vale ameno, onde muitas ovelhas luzentes se viam,
bem como apriscos, e estáb'los, e choças de boas cobertas.
Plasma um recinto de dança, ainda, o fabro de membros robustos,
mui semelhante ao que Dédalo em Cnosso de vastas campinas
fez em louvor de Ariadne formosa, de tranças venustas.
Nesse recinto mancebos e virgens de dote copioso
alegremente dançavam, seguras as mãos pelos punhos.
Elas traziam vestidos de linho; os rapazes com túnicas
mui bem tecidas folgavam em óleo brilhante embebidas.
Belas grinaldas as frontes das virgens enfeitam; os moços

A POESIA COMO PINTURA

de ouro as espadas ostentam, pendentes de bálteos de prata.
Ora eles todos à volta giravam, com pés agilíssimos,
tal como a roda do oleiro, quando este, sentado, a exp'rimenta,
dando-lhe impulso com as mãos para ver se se move a contento,
ora, correndo, formavam fileiras e a par se meneavam.
Muitas pessoas, à volta, o bailado admirável contemplam,
alegremente. Cantava entre todos o aedo divino,
ao som da cítara, ao tempo em que dois saltadores, a um tempo,
cabriolavam, seguindo o compasso no meio da turba.
Plasma, por fim, na orla extrema do escudo de bela feitura
a poderosa corrente do oceano, que a terra circunda[3].

O fragmento inicia-se com a descrição do fabrico do artefato: há a referência direta ao trabalho do artesão, "Nela o ferreiro engenhoso insculpiu", à "orla tríplice e clara / de imenso brilho", ao "bálteo vistoso", às cinco camadas de metal e, por fim, às imagens que serão esculpidas na última delas. O trabalho do ferreiro é complementado pelo trabalho do artista, ambos representados pelo mesmo deus Vulcano, como se não houvesse diferença alguma entre ambos os lavores. De fato, um completa o outro – o ferreiro molda os metais não preciosos e preciosos com sua força e habilidade, enquanto o artista acrescenta o engenho, por meio da intervenção imaginosa, que fará que o instrumento de defesa na guerra transforme-se também num objeto de arte, digno de ser contemplado e admirado. Esse processo de fabricação do escudo estende-se, por assim dizer, por todo o texto, pois Homero

[...] não pinta o escudo acabado, mas em processo de criação. Aqui, utilizou de novo da afortunada estratégia de substituir a progressão pela coexistência, e desse modo converteu a exaustiva descrição de um objeto, na imagem gráfica de uma ação. Não vemos o escudo, mas o mestre-artesão divino que se atarefou em fazê-lo[4].

3. Homero, *Ilíada*, Rio de Janeiro, Ediouro, 2011, Canto XVIII, pp. 425-429. Tradução de Carlos Alberto Nunes.
4. Lessing, *apud* W. J. T. Mitchell, *op. cit.*, p. 159.

As imagens que comparecerão na peça organizam-se de acordo com um princípio cosmogônico, na medida em que o poeta começa sua descrição, falando dos reinos superiores – terra, mar, céu, com o sol, a lua e as estrelas as constelações, para depois se concentrar no reino inferior dos homens[5]. Mas já aí, o aspecto narrativo, ainda que incipiente, se impõe, quando ele discorre sobre a movimentação dos astros: "a Ursa que gira num ponto somente, a Orião sempre espiando, / e que entre todas é a única que não se banha no oceano".

A partir da descrição sumária dos elementos essenciais que compõem o Universo – a terra, a água, o ar –, como já se disse, as peças escultóricas do escudo passam a contemplar o mundo humano. Duas "cidades belíssimas" são referidas, mas, em vez de o narrador se concentrar apenas em sua descrição sumária, envereda pela narração de fatos variados que nelas acontecem. Numa, há um prosaico casamento, com suas consequentes festividades, e uma contenda entre mercadores, com a intervenção dos anciãos, para decidir juridicamente a querela. Na outra, sitiada por dois exércitos, os cidadãos preparam-se para a defesa. Dá-se início a uma batalha, e esta cena belicosa termina com a intervenção de figuras nefastas, a personificação da Discórdia, do Tumulto e das Parcas, que acutilam os guerreiros vivos e arrastam consigo os mortos. Na sequência, criando um contraste com a violência das mortes, o olhar do narrador se dirige para um vasto campo, onde se dão as lides agrárias: a preparação da terra para o plantio, do almoço dos campônios, da colheita das uvas. Nesse meio tempo, há a narração dos bois saindo do aprisco e indo para a pastagem e, no caminho, sendo atacados por leões. Por fim, narram-se as festividades no campo, com os jovens dançando e cantando. Aqui, os efeitos visuais recrudescem, para que se dê especial destaque aos sonoros, como se

5. De acordo com Mitchell: "O universo inteiro aparece no escudo: a natureza e o homem; a terra, o céu e o oceano; as cidades em paz e em guerra; o cultivo, a colheita e a vindima; o pastoreio e a caça; o matrimônio, a morte e até uma cena de litígio, uma alternativa prosaica para saldar as disputas por meio da guerra ou da vingaça sangrenta", *op. cit.*, p. 161.

o texto se dirigisse mais aos ouvidos dos interlocutores do que à visão, que se torna, assim, secundária:

> Com uma lira sonora, no meio do grupo, um mancebo
> o hino de Lino entoava com voz delicada, à cadência
> suave da música, e todos, batendo com os pés, compassados,
> em coro, alegres, o canto acompanham, dançando com ritmo.

Na longa descrição das cidades, há um contraste entre os motivos mais nobres, mais sublimes, como os que se referem ao mundo celeste, aos guerreiros envolvidos em contenda, e os motivos mais simples, relativos ao cotidiano, ao dia a dia dos homens. Com isto, reforça-se ainda mais a ideia de que o escudo é uma súmula de tudo que existe no mundo antigo da Grécia, desde os simples atos do cotidiano mais banal até os grandes feitos heroicos. Após essa sumarização cosmogônica, o aedo fecha o fragmento ao falar da "poderosa corrente", presente na "orla extrema do escudo", que é, a um só tempo, ornamento e uma referência a um princípio geográfico primitivo em que se acreditava que a porção de terra do planeta era toda circundada pelas águas: "a poderosa corrente do oceano, que a terra circunda".

Vale ressaltar que os enxertos narrativos servem para criar a ilusão de que estes têm vida própria e como que se destacam do escudo inanimado, pela força da voz do aedo, o que serve para acentuar aí o poder sugestivo da *ekphrasis*. Nota-se que o artefato de guerra projeta, nessas incisões escultóricas, aspectos diferenciados do real e como que se constitui assim numa súmula do Universo, uma espécie de máquina do mundo, daí advindo sua grandeza mítica. Obra de um Deus, Vulcano, premiará um semideus, o maior de todos os guerreiros gregos, o famoso Aquiles. A cosmogonia esculpida no artefato, acumulando seres e objetos e resumindo narrativas de povos belicosos e festivos, ficará então de posse do guerreiro que, usando o escudo nas batalhas, como que possuíra o mundo. Contudo, a ilusão nem sempre se mantém, pois Homero, de modo proposital, de vez em quando, a quebra, para lembrar ao leitor ou ao ouvinte que toda essa movimentação, luta e labuta não constituem mais que representação de algo que é, na verdade, estático e que ele insuflou de vida. Isso acontece quando o poeta, em alguns instantes, revela de que materiais são feitos alguns dos elementos que descreve: a terra ("Preta era a terra que atrás lhes ficava, apesar de ser *de ouro*"), a vinha ("de *ouro brilhante* era a cepa e de viva cor negra os racimos, / que sustentados se achavam por muitas estacas *de prata*") e os bois ("Uns animais eram de *ouro*; outros feitos de *estanho luzente*"). É o que Heffernan nos recorda em seu ensaio: "ele nos lembra mais uma vez a diferença entre o que é representado (o gado) e seu específico meio de representação (ouro e estanho)"[6].

Esse fragmento do escudo de Aquiles, inserido na *Ilíada*, torna-se, assim, devido à sua especificidade e riqueza de detalhes, um modelo de peça ecfrástica. Nele, os elementos descritivos são, como se viu, animados de vida, de maneira que a descrição, pura e simples, corre paralela à narração ou mesmo cede lugar a ela. Isso acontece porque o poeta não deseja apenas enumerar o que havia no mundo antigo, mas trazer à vida um tempo imemorial de grande beleza.

A TAÇA DO "IDÍLIO I", DE TEÓCRITO[7]

Entre os "Idílios" de Teócrito, o de número I chama a atenção por conter uma típica peça de feição ecfrástica. Nela, um cabreiro dialoga com o pastor Tírsis e oferece-lhe uma taça em troca de seu canto. Na ocasião, ele descreve com minúcia o objeto, louvando-lhe os lavores e fazendo referência a três grandes cenas insculpidas na madeira:

---

6. James A. W. Heffernan, *op. cit.*, p. 301.
7. Século III a.C.

IDÍLIO I, VV. 27-56

Dar-te-ei também um vaso
de madeira, fundo, ungido
de cera perfumada, um vaso
de duas abas, acabado
de talhar e cheirando
ainda ao cinzel. Nas suas
bordas, ao alto, enrosca-se
a hera, a hera entretecida
de flores douradas e, à volta,
serpenteia a hélix, orgulhosa
dos seus frutos de açafrão.
No interior, está desenhada
uma figura feminina – obra digna
dos deuses –, ornada
de peplo e diadema. A seu lado,
homens de belas cabeleiras, ora um,
ora outro, rivalizam com palavras.
O que dizem não toca, porém,
o seu coração. Sorrindo, ela ora
olha para um, ora para o outro
dirige a sua atenção; e eles, aos quais,
com o tempo, o amor dilata os olhos,
é em vão que se esforçam. Em seguida,
são figurados um velho pescador
e uma rocha rugosa sobre a qual
o velho arrasta laboriosamente
uma grande rede para a lançar ao mar.
Tem o ar dum homem
habituado a grandes esforços. Dir-se-ia
que emprega na pesca
todo o vigor dos seus membros,
de tal modo que em todo o pescoço
tem os músculos salientes, apesar
de estar encanecido. A sua força é digna

da juventude. Não muito longe do velho
gasto pelo mar está uma vinha carregada
de cachos maduros, guardada por um rapaz
sentado num paredão. À sua volta,
duas raposas: uma vagueia
por entre as cepas, pilhando
os cachos maduros; a outra serve-se
de toda a espécie de artimanhas para alcançar
o alforge do rapaz e promete
não o deixar até lhe tirar o almoço.
Ele, entretanto, com hastes de asfódelo
ligadas a juncos entrança uma rede
para caçar gafanhotos. Esquecido
do alforge e das cepas, retira
do seu trabalho maior prazer.
Por toda a parte, à volta do vaso, estende-se
o tenro acanto [...][8].

O cabreiro refere-se à taça, descrevendo desde sua forma perfeita ("Dar-te-ei também um vaso / de madeira, fundo, ungido / de cera perfumada, um vaso / de duas abas, acabado / de talhar e cheirando / ainda ao cinzel"), até as imagens esculpidas, mas, como se trata de um poema ecfrástico, não se retringe apenas em arrolar os elementos descritivos. O que ele faz, além de falar do formato, é apontar três cenas distintas, as quais dá a animação e a vida que as ilustrações do vaso, por razões óbvias, não contêm. As cenas, não ligadas entre si e bem díspares, são as seguintes: *a*) a bela moça, requestada por dois jovens; *b*) o velho pescador que arrasta uma pesada rede; *c*) uma vinha, que deveria ser vigiada por um rapaz, contra o assédio de raposas. Nas três ilustrações, o que se observa é que os elementos decorativos comparecem sob a forma de narrativas. Na cena de contorno amoroso, a rapariga leva os jovens a se confrontarem ("rivali-

---

8. *Bucoliques Grecs* – Tome I – *Théocrite*, Paris, Les Belles Lettres, 9ª tirage, 2002, "Idílio I", Tirsis, vv. 25-55, pp. 21-22. Tradução inédita de Albano Martins.

zam com palavras"), porque ela, toda coquete, ora sorri para um, ora, para outro, provocando assim a discórdia. Na cena de trabalho, um velho, ao se entregar a uma tarefa mais digna de um jovem – arrasta a pesadíssima rede sobre um solo pedregoso –, acaba por sofrer muito com ela. Na última das cenas, um rapaz incumbido de vigiar uma vinha, em vez de se entregar a seu devido trabalho, entretém-se construindo uma rede para apanhar gafanhotos, e o resultado é o ataque dos animais aos frutos e ao lanche de seu embornal, devido a seu excessivo encantamento com o objeto que constrói: "Esquecido / do alforge e das cepas, retira / do seu trabalho maior prazer".

Teócrito, ao mostrar o sofrimento no Amor e no trabalho bruto, vê como única solução para o homem a entrega ao trabalho manual, em tudo similar à tarefa artística, que, no caso, leva o jovem a se esquecer da realidade mesquinha. É o que Érico Nogueira observa, a respeito da poética de Teócrito:

> Fica, pois, evidente, nas cenas, o contraste entre a inutilidade do cuidado amoroso e o sofrimento do trabalho braçal, de um lado, e, do outro, o prazer de uma atividade, como trançar uma gaiola de grilo, tão francamente alusiva à poesia[9].

A *ekphrasis* em Teócrito está a serviço, num primeiro plano, da descrição de um objeto das artes gráficas, da animação de suas figuras inertes, imprimindo-lhes, pois, um princípio narrativo e, num segundo plano, da valorização do trabalho artístico em si. Daí que o vaso seja oferecido a Tírsis, se ele souber cantar tão bem quanto Crômis, o líbio, ou seja, o artefato, que servirá de presente, equivalerá à canção. Em termos artísticos, o vaso feito de madeira, com suas belas inscrições, tem o mesmo valor que uma peça musical, graças não só a seus ornamentos, mas pelo fato de eles fazerem que o espectador possa se tornar testemunha de velhas histórias, que ganham cor, forma e movimento.

---

9. Érico Nogueira, *Vontade, Contenda e Poesia nos Idílios de Teócrito*, tese de doutorado defendida na USP, em 2012, p. 56.

4

A *Ekphrasis* em Textos do Século XIX

No século XIX, grosso modo, observam-se dois movimentos em relação à tradição clássica: de repúdio, com o Romantismo e de aproximação, com o Parnasianismo. Isso se explica pelo fato de os românticos buscarem uma arte nova, ao mesmo tempo, subjetiva, inspirada, emotiva, o que tinha como consequência o afastamento das convenções e processos imitativos em arte praticados pelos antigos. Já os parnasianos, adotando um princípio artístico, baseado na mimesis, na objetividade e no formalismo, procuravam retomar os temas e procedimentos adotados pelos poetas da tradição greco-latina.

Isso é o que, via de regra, acontece – contudo, como se verificará logo abaixo, apesar de romântico, o britânico Keats[1] procurará um equilíbrio entre tendências clássicas e românticas, o que o levará, de maneira paradoxal, a reverenciar um legado da tradição greco-latina, para poder expressar suas grandes emoções.

---

1. John Keats (Londres, 31 de outubro de 1795 – Roma, 23 de fevereiro de 1821).

A URNA GREGA DE KEATS

O poema "Ode on a Grecian Urn" de Keats foi escrito em maio de 1819 e publicado no ano seguinte. Constitui uma das "Grandes Odes de 1819" do poeta britânico, entre as quais se incluem "Ode on Indolence", "Ode on Melancholy", "Ode to a Nightingale" e "Ode to Psyche". Ei-lo:

ODE ON A GRECIAN URN

I

Thou still unravish'd bride of quietness,
    Thou foster-child of silence and slow time,
Sylvan historian, who canst thus express
    A flowery tale more sweetly than our rhyme:
What leaf-fring'd legend haunts about thy shape
      Of deities or mortals, or of both,
          In Tempe or the dales of Arcady?
    What men or gods are these? What maidens loth?
What mad pursuit? What struggle to escape?
          What pipes and timbrels? What wild ecstasy?

II

Heard melodies are sweet, but those unheard
    Are sweeter; therefore, ye soft pipes, play on;
Not to the sensual ear, but, more endear'd,
    Pipe to the spirit ditties of no tone:
Fair youth, beneath the trees, thou canst not leave
    Thy song, nor ever can those trees be bare;
      Bold Lover, never, never canst thou kiss,
Though winning near the goal yet, do not grieve;
    She cannot fade, though thou hast not thy bliss,
      For ever wilt thou love, and she be fair!

III

Ah, happy, happy boughs! that cannot shed
    Your leaves, nor ever bid the Spring adieu;

A *EKPHRASIS* EM TEXTOS DO SÉCULO XIX

And, happy melodist, unwearied,
    For ever piping songs for ever new;
More happy love! more happy, happy love!
    For ever warm and still to be enjoy'd,
        For ever panting, and for ever young;
All breathing human passion far above,
    That leaves a heart high-sorrowful and cloy'd,
        A burning forehead, and a parching tongue.

IV

Who are these coming to the sacrifice?
    To what green altar, O mysterious priest,
Lead'st thou that heifer lowing at the skies,
    And all her silken flanks with garlands drest?
What little town by river or sea shore,
    Or mountain-built with peaceful citadel,
        Is emptied of this folk, this pious morn?
And, little town, thy streets for evermore
    Will silent be; and not a soul to tell
        Why thou art desolate, can e'er return.

V

O Attic shape! Fair attitude! with brede
    Of marble men and maidens overwrought,
With forest branches and the trodden weed;
    Thou, silent form, dost tease us out of thought
As doth eternity: Cold Pastoral!
    When old age shall this generation waste,
        Thou shalt remain, in midst of other woe
Than ours, a friend to man, to whom thou say'st,
    "Beauty is truth, truth beauty," – that is all
        Ye know on earth, and all ye need to know[2],

---

2. John Keats, *Selected Poems*, New Jersey, Random House, 1993, pp. 208-209.

Ode a uma Urna Grega

I

Tu, noiva da quietude, ainda intacta,
  Tu, filha adotada do tempo vagaroso e do silêncio,
A silvestre historiadora, quem assim narrar poderá
  Um conto de modo mais doce que nossa rima:
Qual legenda de franjas de folhagem assombra tua forma
  De deidades ou mortais, ou de ambos,
    Em Tempe ou nos vales da Arcádia?
Que homens ou deuses estes? Que donzelas relutantes?
  Que perseguição insana? Que embate para a fuga?
    Que flautas e adufes? Que êxtase selvagem?

II

Melodias ouvidas são doces, mas aquelas não ouvidas
  Mais doces ainda; de maneira que, vós flautas mansas, continuai
    [a tocar;
Não para o ouvido dos sentidos, mas, e mais querido,
  Tocai às cantigas do espírito, desprovidas de som:
Belo jovem, ao pé das árvores, não podes deixar
  Tua cantiga, nem podem aquelas árvores perderem suas folhas;
    Amante audacioso, jamais, jamais poderás beijar,
Mesmo chegando tão próximo à meta – não entanto, não te lamentes;
  Ela não pode se desvanecer, e mesmo que não tenhas tua felicidade
    Para sempre amarás, e ela sempre será bela.

III

Ah, ramos felizes, felizes! Que não podereis mudar
  Vossas folhas, nem jamais despedir-vos da Primavera;
E, músico mais feliz, incansável,
  Para sempre tocando flauta, e sempre cantigas novas;
Mais amor feliz! mais amor, feliz, feliz!
  Para sempre cálido e ainda por ser gozado,
    Para sempre palpitante, e para sempre jovem;
Todos eles suspirando a eterna paixão,

Que deixa um coração cheio de tristeza e saciado,
A fronte em chamas, e a língua sedenta.

IV

Quem são estes que ao sacrifício chegam?
A que altar verde, ó sacerdote misterioso,
Levas tu aquela novilha a mugir aos céus,
Com seus sedosos flancos, enfeitados de guirlandas?
Que aldeia junto ao rio ou à beira-mar,
Ou em uma montanha, construída como pacífica cidadela,
Esvazia-se de seu povo, nesta devota manhã?
E, aldeia, tuas ruas de agora em diante
Estarão silenciosas; e nenhuma alma a contar
Por que tu estás desolada, poderá jamais voltar.

V

Ó forma Ática! Bela atitude! Com tranças
De mármore homens e donzelas por demais trabalhados
Com ramos das florestas e relva pisada;
Tu, em forma silente, seduz-nos, tira-nos do pensar
Como faz a eternidade: Pastoral Fria!
Quando a velhice afinal terminar com esta geração,
Tu ainda ficarás, dentre outras dores
Que não sejam as nossas, um amigo do homem, a quem vás dizer
"A beleza é a verdade, a verdade, a beleza" – é apenas isso
Vós cá da Terra sabeis, e apenas isto precisais saber[3].

Composto de cinco estâncias e configurando-se como uma
autêntica peça ecfrástica, o poema tem uma voz que impõe um
impulso narrativo a imagens fixas num objeto escultórico, a
urna grega. Mas não só isso: ao fazer também que figuras ina-
nimadas retornem à vida, como que o poeta retoma um tempo
imemorial e paradisíaco – aquele do mundo clássico pagão. An-
tes de tudo, porém, uma questão primeira se impõe. A urna a

---

3. Tradução Karen Sotelino, PhD, University of Stanford, EUA.

que se refere o poeta é apenas imaginada, como um produto da idealização dele, ou é uma urna real, de fato contemplada em algum museu, de maneira que os signos não-verbais fossem traduzidos em signos verbais, para a expansão de seus significados implícitos? Embora esta questão de realidade ou não pouco importe, optamos pela segunda hipótese, baseando-nos num desenho perpetrado por Keats da *Urna de Sosibios*. É uma cratera de devoção neo-ática de mármore, assinada por *Sosibios*, peça escultórica do museu do Louvre, que o poeta encontrou na obra de Henry Moses, *A Collection of Antique Vases, Altars, Paterae*.

Urna de Sosibios, desenho de John Keats.

Keats, descrevendo a urna grega, segue uma tradição poética que remonta, de modo mais provável, ao Teócrito do "Idílio 1", cuja criação ecfrástica no miolo de seu poema, pode ou não ter servido de modelo ao poeta inglês. O que diferencia ambos os textos é o tom sereno e algo irônico de Teócrito, em oposição ao tom inflamado, emotivo do poeta romântico inglês, que apostrofa a urna e as figuras, estabelecendo um diálogo que visa a

A *EKPHRASIS* EM TEXTOS DO SÉCULO XIX

encontrar respostas para suas inquietações transcendentais sobre a vida, a morte, o efêmero e o eterno.

Quanto à estrutura, o poema tem cinco estâncias, com dez versos cada, e as rimas obedecem ao seguinte esquema: um quarteto (A B A B) e um sexteto (C D E C E D). Há um Introito, em que o sujeito da enunciação procura despertar a urna de seu sono ancestral, e um epílogo, no qual, a urna afinal se manifesta, respondendo às questões retóricas do preâmbulo. A ode oferece dois extremos: os quartetos clássicos e os sextetos da poesia romântica, como se o poeta quisesse afirmar ao mesmo tempo o resgate do Classicismo, que serve de modelo a seu texto, e a fidelidade ao Romantismo, movimento literário em que pontificou. Percebe-se assim um equilíbrio entre a clareza ática, a serenidade, a recuperação de entidades pagãs e os arroubos emotivos, como se o objeto estético servisse não só de ponte entre duas grandes estéticas, para unir o passado ao presente, mas também para fazer com que o presente fosse animado pelo sopro do passado, implicando que o poeta não só resgatasse a tradição, mas se inserisse nela, como um autêntico filho do seu tempo.

Mas, para tanto, Keats necessita animar de vida o artefato, o que acontece no Introito do poema, por meio do recurso da apóstrofe:

> Tu, noiva da quietude, ainda intacta,
>   Tu, filha adotada do tempo vagaroso e do silêncio,
> A silvestre historiadora, quem assim narrar poderá
>   Um conto de modo mais doce que nossa rima

A urna é a "filha adotada do silêncio", por dois motivos principais: é feita de mármore, o que explica sua quietude e silêncio, e criada por um artista que soube se expressar por signos não--verbais, deixando inscritos no artefato algumas histórias ainda por contar, que só serão desenvolvidas em toda sua extensão, quando animadas pelo sopro do poeta. Ao ver de Heffernan, Keats "não representa simplesmente os amantes como figuras dispostas no espaço. Ao contrário chama-as para a vida como seus ouvintes, e fala a linguagem da temporalidade a esse imaginário auditório"[4].

A partir do quinto verso da primeira estância, o poeta, ainda invocando o artefato, faz uma série de perguntas retóricas referentes às imagens gravadas na urna, como se quisesse interpretá-las por meio das interrogações, que serão respondidas no desenvolvimento do poema. Assim, se refere às legendas, às divindades, aos mortais, perdidos no tempo e nos vales da Arcádia, à louca perseguição, à música de "flautas e adufes", ao "êxtase selvagem". Na segunda estância, o sujeito poético muda de interlocutor, pois se dirige às flautas, implorando que soem, não aos ouvidos sensoriais, mas àqueles do espírito, "Não para o ouvido dos sentidos, mas, e mais querido, / Tocai às cantigas do espírito, desprovidas de som", como se constituíssem um absoluto platônico. A partir dessa invocação opera-se um movimento sinestésico, já que o apelo sensorial provoca o surgimento de uma sensação de outra ordem, a visual, porque, logo a seguir, a apóstrofe é dirigida ao "belo jovem" que canta. Nesse instante, Keats como que suspende o tempo, congelando as imagens, pois a canção não cessa, as árvores não perdem suas folhas, o amante nunca beijará a amada, embora isso tudo não o leve à perda do ímpeto do desejo. Eis por que os amantes se amarão por todo o sempre, apesar de, ou por causa de o deleite não ter se cumprido: "Ela não pode se desvanecer, e mesmo que não tenhas tua felicidade / Para sempre amarás, e ela sempre será bela!" As figuras vivem, assim, sob o signo da eternidade, suspensas num tempo sem tempo, o que faz com que seus atos perdurem, bem como as melodias permaneçam sempre novas e cheias de frescor. Vem daí que a expressão "for ever" aparece repetida cinco vezes em oposição a "nor ever", mas criando uma falsa oposição, já que o "para sempre", representando o que permanecerá para a eternidade – a juventude plena, o calor, a paixão –, tem como complemento o "nunca", referente às folhas das árvores que jamais dirão adeus para a eterna primavera.

---

4. James A. W. Heffernan, *op. cit.*, p. 306.

Na quarta estância, o eu-poético volta a apostrofar a urna, dirigindo-lhe interrogações sobre o sacrifício de uma bezerra por um misterioso sacerdote, desse modo, abandonando um dos motivos desenhados no artefato, para se concentrar em outro, que logo também deixará para trás. De fato, do sacrifício representado, o olhar agora se detém numa pequena cidade, silenciosa e desolada, à beira de uma praia ou de um rio, ou ainda cercada de muralhas. Neste ponto do poema, o poeta apenas lança algumas suposições, incapaz de descrever objetivamente a cidade (há dúvidas quanto à localização e quanto a sua estrutura) e incapaz também de entender por que ela está deserta. Quem poderia romper o silêncio e contar esta história em toda sua completude jamais voltará no instante suspenso, o que impedirá o esclarecimento das dúvidas do poeta. É de crer que, com isso, Keats permanece com suas interrogações no limiar entre as figuras reais, eternizadas no espaço dos signos não-verbais da urna, e suas ações imaginadas, sugeridas pela palavra poética. Experimenta-se assim um contraponto entre o passado congelado e o presente ativo. O poema apoia-se num paradoxo: se, de um lado, a urna preserva para sempre a juventude dos amantes ("para sempre jovem"), por ser feita de mármore; de outro, os torna inanimados e sem vida, também por ser feita de mármore. Viver implica ser escravo do tempo, o que levaria os seres a completar o ato amoroso, a canção a findar, as folhas das árvores a cair e, por fim, a morte a estabelecer o seu império.

A urna é um artefato capaz de sugerir uma história que perdura além do tempo de sua criação – não por acaso, o poeta chama-a de "silvestre historiadora"; afinal ela conta e, ao mesmo tempo, congela uma legenda por meio da beleza de suas imagens. Contudo, voltamos ao ponto inicial: a urna e/ou seus desenhos é silente, não fala ou só falará por meio das palavras do poeta. Como não fala, suas figuras não se movem, permanecem presas ao espaço da quietude, sem a manifestação do tempo que poderia despertá-las para a vida e, e em consequência, para a morte: "Quando a velhice afinal terminar com esta geração". A eternidade só será conquistada no espaço congelado do mármore, em que as figuras esboçam, insinuam gestos de paixão e ação, mas não os findam: "Tu ainda ficarás, dentre outras dores". Nos últimos versos, quem finalmente se manifestará será a urna com o axioma clássico "A beleza é a verdade, a verdade, a beleza", que resume tudo o que há de essencial na vida. A conquista da Beleza leva à conquista da Verdade, ou seja, o homem só poderá ter acesso ao que é eterno e perfeito, por meio da arte, única forma de conhecimento que leva ao Absoluto. Como resultado, ao fechar o poema, Keats dirige-se não mais à urna, mas a um "vós" que é toda a humanidade: "Vós cá da Terra sabeis, e apenas isto precisais saber".

Mas outro aspecto deve ser considerado, se pensarmos que a urna servirá para despertar no poeta um mundo de sensações desconhecidas que, por sua vez, serão dirigidas ao interlocutor. Em realidade, ela é utilizada como um "correlativo objetivo", expressão criada por T. S. Eliot no seu estudo acerca de *Hamlet* (1919). Segundo o poeta e ensaísta britânico,

> [...] o único meio de exprimir emoção sob a forma de arte consiste em achar um "correlativo objetivo"; noutras palavras, um conjunto de objetos, uma situação, uma cadeia de acontecimentos, que constituirá a fórmula daquela emoção *particular;* de tal maneira que, quando ocorrerem fatos exteriores, que devem culminar numa experiência sensorial, a emoção seja imediatamente evocada[5].

Keats, ao querer expressar sentimentos sobre a paixão, a vida, a morte, sobre a sensação da passagem do tempo, não o faz de modo direto. Pelo contrário, escolhe como ponto de partida uma urna grega; por meio de suas imagens esculpidas, ela despertará no poeta uma cadeia de sentimentos que culminarão com a conquista de um absoluto. A figura da *ekphrasis*, utilizada aqui com grande maestria, é que servirá para que se estabeleça

---

5. T. S. Eliot, *Selected Essays* (1961, p. 145), *apud* Massaud Moisés, *Dicionário de Termos Literários, op. cit.*, p. 91.

uma ponte entre o passado e o presente. Keats, ao contemplar o artefato que é, ao mesmo tempo, uma escultura e uma pintura, faz que as imagens inanimadas ganhem vida, mas não só isso, pois ele ativa implícitos, que o objeto de arte gráfica, por si só, jamais poderia expressar. A urna é silente em suas imagens congeladas, mas, por isso mesmo, devido à sua beleza e sugestão de eternidade, tem o condão de ativar a imaginação do poeta, que dará vida às figuras e às representações de movimentos não terminados e também libertará uma sensação nova, ainda incubada em seu imaginário, e só desperta pela contemplação do vaso grego, um "correlativo-objetivo". Algo similar acontece com o interlocutor: depois de contemplar esta representação de outra representação, verá despertar em si sensações novas que o conduzirão ao reino do Absoluto.

OS DOIS VASOS DE ALBERTO DE OLIVEIRA[6]

Alberto de Oliveira compôs as duas peças ecfrásticas abaixo, seguindo os preceitos da chamada escola parnasiana. Como tal, os aspectos descritivo e objetivo são fundamentais nos sonetos:

VASO CHINÊS

Estranho mimo aquele vaso! Vi-o,
Casualmente, uma vez, de um perfumado
Contador sobre o mármor luzidio,
Entre um leque e o começo de um bordado.

Fino artista chinês, enamorado,
Nele pusera o coração doentio
Em rubras flores de um sutil lavrado,
Na tinta ardente, de um calor sombrio.

6. Pseudônimo de Antônio Mariano de Oliveira (Saquarema, 1857 – Niterói, 1937).

Mas, talvez por contraste à desventura,
Quem o sabe?... de um velho mandarim
Também lá estava a singular figura.

Que arte em pintá-la! A gente acaso vendo-a,
Sentia um não sei quê com aquele chim
De olhos cortados à feição de amêndoa.

Vaso Grego

Esta de áureos relevos, trabalhada
De divas mãos, brilhante copa, um dia,
Já de aos deuses servir como cansada,
Vinda do Olimpo, a um novo deus servia.

Era o poeta de Teos que a suspendia
Então, e, ora repleta ora esvasada,
A taça amiga aos dedos seus tinia,
Toda de roxas pétalas colmada.

Depois... Mas o lavor da taça admira,
Toca-a, e do ouvido aproximando-a, às bordas
Finas hás de lhe ouvir, canora e doce,

Ignota voz, qual se da antiga lira
Fosse a encantada música das cordas,
Qual se essa voz de Anacreonte fosse[7].

O poeta, de modo presumível, deve ter contemplado tanto um
vaso grego quanto um chinês, ou mesmo estampas, em livros,
reproduzindo-os, ou ainda, deve ter lido textos ecfrásticos de ou-
tros autores para poder escrever os sonetos. Mas são suposições,
já que não temos elementos para determinar de onde lhe veio a

---

7. Alberto de Oliveira, *apud* Massaud Moisés, *A Literatura Brasileira Através dos
   Textos*, 10. ed., São Paulo, 1983, pp. 215-216.

inspiração. Vamos, pois, partir do pressuposto de que os sonetos tratariam de vasos fictícios, criados pela imaginação do poeta.

Um e outro poema cumprem os ditames do Parnasianismo: objetividade, descritivismo, antipassionalismo, transparência dos signos e culto do exotismo oriental e clássico. Em "Vaso Chinês", a primeira estrofe apenas descreve objetos colocados sob o olhar casual do sujeito: o mármore "luzidio" de um contador (um armário antigo cheio de gavetas), o leque, o bordado e a taça. Mais adiante, nas estrofes seguintes, fala-se da figura de um mandarim a decorar o vaso. De início, há apenas um detalhe sensorial diverso do visual: o oloroso de "perfumado", mas que aparece isolado de outras sensações, sem adquirir, portanto, caráter sinestésico. Já na segunda estrofe, a objetividade começa a conviver mais com a subjetividade (presente na primeira estrofe no uso em primeira pessoa do verbo ver), graças ao "coração doentio", que se supõe ter animado o artista "enamorado", a ponto de a cor rubra, com que ele pintou as flores, possuir a qualidade sinestésica de ardência e calor. A figura do "velho mandarim" que comparece na terceira estrofe, conforme o próprio poeta o revela, servirá de contraste ao trabalho do pintor, que, cheio de amor, destila a paixão nas cores. Mas que contraste seria esse? Alberto de Oliveira não o diz, apenas insinua "Sentia um não sei quê". Mas talvez fosse possível deslindá-lo: há um evidente confronto entre o comportamento do jovem homem, enamorado, e o do velho homem sem paixões. O primeiro contamina a arte com um profundo sentimento, o segundo teria um comportamento similar ao do artista parnasiano, porquanto adotaria, presumivelmente por sua velhice, uma postura calma, serena frente ao mundo.

A criação ecfrástica de Alberto de Oliveira padece de uma limitação, na medida em que, ao predominar a descrição e a pobreza das metáforas, o poema é dominado por uma espécie de prosaísmo. Os implícitos, fundamentais nas representações poéticas ou prosaicas empreendidas pelas *ekphrasis*, resumem-se ao sugestivo e misterioso olhar do mandarim insinuado no final. Algo similar acontece com "Vaso Grego", pro-

A POESIA COMO PINTURA

vido de elementos decorativos – "áureos relevos", "brilhante copa", "de roxas pétalas colmada" – e uma pequena ação de caráter narrativo, na referência ao movimento do poeta, erguendo e fazendo tinir a taça, seguido pelo de um contemplador anônimo do vaso, que o admira e o toca, também o fazendo soar. Esse objeto escultórico não passa de uma metáfora do próprio poema. Assim como a taça, se tocada, libera determinada sonoridade – a música da lira e a voz do poeta grego –, o soneto, se lido, desperta, visual e sonoramente, imagens de um autêntico vaso grego e as imagens do mundo pagão, com seus deuses e poetas. E isso, conforme o autor, só poderia acontecer por meio da arte. Ambos os sonetos ecfrásticos de Alberto de Oliveira têm um caráter metalinguístico, na medida em que os signos, apesar de mimetizar objetos do mundo real, se voltam para eles próprios, para a compreensão do mundo e da poesia em si. M. H. Abrams catalogaria tal inclinação como "objetiva", em vista do fato de que se pensa a obra de arte isolando-a de todos os "pontos de referência externos e a analisa como uma entidade autossuficiente constituída por suas partes em suas relações internas e propõe-se a julgá-la somente segundo critérios intrínsecos a seu próprio modo de ser"[8].

O PROLONGAMENTO DAS EMOÇÕES EM VERLAINE[9]

Outra obra de caráter ecfrástico que também ilustra o princípio do "correlativo objetivo", cunhado por Elliot, é o poema "Clair de Lune" do simbolista Verlaine. Nele, a paisagem noturna e enluarada, recriada pelo poeta, não vale apenas como uma pintura da Natureza ou de uma representação da Natureza. Pelo contrário, servirá para despertar no leitor uma série de sensações, ou melhor, ainda, servirá, em seu desenvolvimento poético, para prolongar ao máximo as emoções, cumprindo as-

---

8. M. H. Abrams, *op. cit.*, p. 45.
9. Paul Marie Verlaine (Paris, 1844 – Paris, 1896).

CLAIR DE LUNE

Votre âme est un paysage choisi
Que vont charmant masques et bergamasques
Jouant du luth et dansant et quasi
Tristes sous leurs déguisements fantasques.

Tout en chantant sus le mode mineur
L'amour vainqueur et la vie opportune,
Ils n'ont pas l'air de croire à leur bonheur
Et leur chanson se mêle au clair de lune,

Au calme clair de lune triste et beau,
Qi fait rêver les oiseaux dans les arbres
Et sangloter d'extase les jets d'eau,
Les grands jets d'eau sveltes parmi les marbres[10].

O LUAR

Vossa alma é uma paisagem escolhida
Que vão encantando máscaras e bergamascos
Tocando alaúde e dançando e quase
Tristes sob seus disfarces fantásticos.

Enquanto cantam em tom menor
O amor vencedor e a vida oportuna,
Não têm o aspecto de acreditar em sua felicidade
E a canção deles se mistura ao luar,

Ao calmo luar triste e belo,
Que faz sonhar os pássaros nas árvores
E gemer de êxtase os chafarizes,
Os grandes chafarizes esbeltos entre os mármores[11].

---

10. Paul Verlaine, *Oeuvres poétiques complètes*, Paris, Gallimard, 1965, p. 107.
11. Tradução de Karen Sotelino.

Verlaine ao compor o poema, teve como referência a tela de Watteau, *Amor no Teatro Italiano*, datada de 1714:

Watteau, *Amor no Teatro Italiano*, 1714.

Há em comum entre o quadro e o poema, de modo mais direto, a referência aos mascarados, à dança, à música do alaúde, às árvores, e ao luar. Poucos detalhes, na verdade, mas o que de fato prova que o poeta francês inspirou-se em Watteau é lembrarmos que, na versão original do poema, o primeiro verso da terceira estrofe estava grafado "Au calme clair de lune *de Watteau*", em vez do original "Au calme clair de lune triste et beau", conforme as "Notes et Variantes" de Y.-G. le Dantec para as obras completas de Verlaine[12]. A *ekphrasis* recria a cena bucólica e plácida do objeto pictórico, dando destaque a seus elementos essenciais, que nos traz à vista, mas acrescentando algo a mais, ou seja, aquilo que estava apenas implícito na tela. O que o quadro de Watteau sugere e não leva adiante, devido à sua impossibilidade pictórica, que privilegia o espaço, são os movimentos

---

12. Paul Verlaine, *op. cit.*, p. 1087.

dos foliões e das águas dos chafarizes, o gorjeio dos pássaros, as influências da luz do luar e, acima de tudo, a sensação de dolência e tristeza agridoce. O poema, por sua vez, insere o espaço no tempo – as figuras ganham vida, os chafarizes soluçam, os pássaros cantam, e uma atmosfera de sonho, nostalgia preenche tanto o coração do homem quanto da natureza, a ponto de acontecer uma correspondência entre ambos, como se vê no símile: "votre âme est un paysage choisi". A alma é uma paisagem, ou ainda, o sentimento que anima a alma do sujeito é o mesmo que anima a da Natureza. É isto que serve para caracterizar o símbolo, tal qual era concebido pelos simbolistas: uma forma de prolongar ao máximo uma emoção, por meio de imagens significativas, por meio das correspondências entre a alma do sujeito e a da Natureza. Segundo o crítico Saint Antoine,

> [...] a emoção prolongada pode nascer – o gênio do poeta auxiliando – da expressão simples. O mais comum é ela resultar da imagem; desse modo, a sensação que se desperta será prolongada e reforçada por uma impressão de ordem diferente; por exemplo, uma emoção íntima refletida e universalizada na natureza ambiente, ou reciprocamente, um cenário exterior animado repentinamente pela paixão do poeta[13].

A leitura dos implícitos feita pelo poeta – a sensação agridoce, um misto de tristeza e alegria – não é expressa de maneira direta, mas apenas sugerida pela paisagem noturna e enluarada e que contamina todo o cenário, a ponto de fazer "rêver les oiseaux dans les arbres / Et sangloter d'extase les jets d'eau". Por meio da prosopopeia, as coisas inanimadas ganham vida, ao expressarem sentimentos que são comuns àqueles experimentados pelos mascarados, pelo eu-poético e, depois disso, pelo leitor. No poema, o sujeito, para expressar uma determinada sensação, que não pode ser expressa às claras, pois deixaria de ser uma sensação, para se transformar em outra coisa, opta por escolher

---

13. *Apud* Álvaro Cardoso Gomes, *A Poética do Indizível*, São Paulo, Unimarco, 2001, p. 85.

uma paisagem que venha a representar simbolicamente o que ele sente.

Contudo, no caso aqui da *ekphrasis*, esta paisagem, em vez de proceder da natureza viva, procede da natureza representada num quadro. O poeta, assim, parte de uma representação gráfica, de um objeto da cultura, para criar uma representação verbal, que ativará os implícitos presentes na tela, que lhe serviu de ponto de partida ou mesmo de inspiração.

5

A *Ekphrasis* na Modernidade

Após a análise de textos ecfráticos do passado, verifica-se que ainda será constante o uso da *ekphrasis*, em sua acepção clássica, na modernidade. Contudo, em alguns dos textos, chama-nos a atenção a paródia de recursos desse gênero poético, com fins irônicos. É o que procuraremos demonstrar no estudo de textos de Wallace Stevens, Murilo Mendes, Almeida Faria, Péricles Prade e Saramago.

WALLACE STEVENS[1] E A JARRA DESNUDA

ANEDOCTE OF THE JAR

I placed a jar in Tennessee,
And round it was, upon a hill.

---

1. Wallace Stevens (Reading, Pensilvânia, 1879 – Hartford, 1955), poeta norte-americano.

It made the slovenly wilderness
Surround that hill.

The wilderness rose up to it,
And sprawled around no longer wild.
The jar was round upon the ground
And tall and of a port in air.

It took dominion everywhere.
The jar was gray and bare.
It did not give birth of bird or bush
Like nothing else in Tennessee[2].

História de uma Jarra

Dispus uma jarra em Tennessee,
Redonda ficava, no topo de uma colina.
Ela fez com que a selva desleixada
Circundasse aquela colina.

A selva levantou-se até ela,
E se esparramou ao redor, deixando de ser selvagem.
A jarra era redonda sobre o solo
E alta, um porto no ar.

Assumiu o domínio por toda parte.
A jarra era cinza e nua.
Não criou pássaro nem moita
Como nada mais em Tennessee[3].

O que chama a atenção no texto de Stevens, mais do que a
jarra em si, desprovida de elementos decorativos (ela é apenas

2. Wallace Stevens, *apud* W. J. T. Mitchell, *op. cit.*, p. 149.
3. Tradução de Karen Sotelino.

"cinza e nua"), é o fato de o poeta compor uma *ekphrasis* que se opera sobre o nada, sobre o vazio, tendo como resultado um poema irônico e parafrástico. Este texto sobre a jarra "proporciona uma alegoria e crítica de sua própria identidade genérica e quase se podia entender como uma paródia do objeto ecfrástico clássico"[4], ao ver de Mitchell. A jarra não possui elaborados desenhos, ou figuras esculpidas, que permitam o desenvolvimento de histórias pastoris e guerreiras, como acontece em Homero e Teócrito, ou possibilitem o despertar de sentimentos elevados, como em Keats. Pelo contrário, ela parece ser apenas um objeto fabricado em série para uso cotidiano e, portanto, desprovido de individualidade, o que poderia provocar o desinteresse do olhar artístico de um espectador. À parte seu mínimo ou quase nulo papel decorativo, a jarra deve ter sido feita para uma função utilitária qualquer.

Mas, no poema, o fato de ela ter sido colocada num outro ambiente altera esse utilitarismo, pois o poeta dá a entender que a jarra "assumiu o domínio por toda parte". O procedimento do "eu-poético" lembra o do dadaísta, pois, ao eliminar a utilidade da jarra, colocando-a num lugar em que ela será "inútil", cria, mal ou bem, um objeto de arte, à semelhança do mictório de Duchamp. Em consequência disso, ela toma posse da colina, civilizando-a, e esse aspecto civilizatório pode ser visto, inclusive, no modo como age sobre a "selva desleixada" que, imitando o formato redondo do objeto, cerca, também, com sua circularidade, a colina. Por outro lado, a palavra "dominion", além de seu claro sentido de "domínio", costumava designar uma marca conhecida de jarras, ou potes para conservas, de modo que aqui se cruza a imagem da jarra genérica como símbolo de uma atividade civilizada, com a da alusão a um objeto doméstico específico, ambos fora de lugar na "wilderness". A jarra acaba influindo no ambiente, ajudando a criar a dicotomia entre o incivilizado e o civilizado, ou ainda, imprimindo um lado artístico ao que é selvagem. Em outras palavras, a jarra *compõe* a paisagem, oferece-lhe certo ordenamento interior, pois, onde antes havia

4.   W. J. T. Mitchell, *op. cit.*, p. 149.

natureza agreste, agora há um "jardim". E quem lhe dá uma função artística é o sujeito do poema que, individualizando-a, ao colocá-la no alto de uma colina, faz que ela reine sobre a paisagem e, inclusive, modifique a própria natureza selvagem, impondo-lhe a forma redonda e civilizada. Devido à intervenção do poeta, a jarra comporta-se como um objeto único e diferenciado, e, por consequência, servirá de meio para o comentário irônico do poema que vai da jarra ao espaço circundante. Afinal, o vazio do artefato, que "não criou pássaro nem moita", estende-se para o Estado do Tennessee, do ponto de vista Wallace Stevens, um local pobre e sem interesse, talvez como a própria jarra cinza.

O poeta, por meio da ironia, está a contestar a tradição e/ou o esgotamento de um gênero, escrevendo a sua anti-*ekphrasis*. O elemento descritivo, essencial nessa figura retórica, é mínimo, isso porque a jarra é marcada por uma absoluta trivialidade, trivialidade essa presente em sua tradicional e comum forma circular, em sua falta de elementos decorativos e em sua monótona cor cinzenta. A contemplação desse objeto, que só é artístico (ou pseudoartístico), quando deslocado da função utilitária e colocada em outro ambiente, que não o familiar, o doméstico, provoca, em consequência, uma reflexão diferenciada do eu-poético, ainda que a partir dos elementos nada artísticos. Conclui-se que o texto pode ser considerado uma paródia ou o reverso do poema ecfrástico clássico por quatro motivos principais: *a*) não contempla um objeto artístico em si, que atraia o olhar devido a seu aspecto único, diferenciado e belo; *b*) o objeto só se torna artístico, devido à intervenção do poeta que lhe retira o aspecto utilitário, ao afastá-lo do ambiente doméstico; *c*) em consequência desse fato, o poeta, ao construir a *ekphrasis*, potencializa os implícitos, sugeridos pela neutralidade da jarra, mas não para cantar o sublime, o transcendental, mas, sim, para trazer à luz um elemento crítico; *d*) esse elemento crítico ramifica-se, contemplando o mundo das representações, a jarra e sua descrição ecfrástica e o mundo real, no caso, o Estado do Tennessee.

MURILO MENDES[5] E *O CASAL ARNOLFINI*

Jan Van Eyck, *O Casal Arnolfini*, 1434.

O Quadro

É verdade que Giovanni Arnolfini
Não olha a mulher – grávida talvez –
Olha antes o espectador
Também ele protagonista/testemunha[6].

Murilo Mendes, em seu poema, é muito sucinto, no sentido de que se resume a desenvolver apenas a questão do olhar na tela de Van Eyck, a partir da figura de Giovanni Arnolfini, que, de mãos dadas com a esposa, não a contempla e, sim, o especta-

---

5. Murilo Monteiro Mendes (Juiz de Fora, 1901 – Lisboa, 1975).
6. Murilo Mendes, "O Quadro", *Ilustrações*, n. 129/130, jul. 1993, p. 81.

dor da tela. A *ekphrasis*, no caso, está a serviço da discussão de uma questão metalinguística, ou seja, o poeta quer tratar da teoria da recepção, suscitada por um detalhe significativo da tela: o espelho convexo postado às costas das figuras e que projeta, em miniatura, o que se esconde à frente delas, no caso, na interpretação do sujeito, o espectador/testemunha:

Esse espectador duplica-se – segundo muitos estudiosos da tela, seriam um sacerdote e o próprio pintor. Quanto a este último, não bastasse figurar na tela, numa projeção especular, ainda por cima, deixa uma inscrição no quadro, um pouco acima do espelho: *"Johannes van Eyck fuit hic 1434"* ("Jan van Eyck esteve aqui em 1434"). Mas é possível ir um pouco mais longe, se nos desligarmos da ilusão e pensarmos que, no lugar do espectador/pintor refletido no espelho, poderia se postar outro tipo de espectador, aquele que contemplou e vem contemplando o quadro há séculos. Pois então, é também para ele que Giovanni Arnolfini lança o olhar, de maneira a apresentar seu próprio mundo, formado, num primeiro plano, pela bela esposa (talvez grávida) e, num segundo plano, por suas posses: um aposento recheado com tudo o que um rico burguês, trabalhando como mercador, poderia ostentar no seu tempo.

Como costumava acontecer nas telas do período, mormente as produzidas no Flandres, aparecem no quadro muitos detalhes que, no caso, parecem ter sido colocados ali sem justificativa aparente. Todavia, a um olhar mais atento, percebe-se que os objetos servem para atestar a riqueza do casal. Assim, os móveis, as roupagens e mesmo as frutas colocadas no parapeito da janela, foram ali dispostos, de acordo com um cálculo, que tanto pode ter sido do pintor quanto do mercador ou mesmo de ambos. Nessa estudada arrumação, oferecem-se aí objetos de muitos países, como a Rússia, Turquia, Itália, Inglaterra, França. Aproveitando-se de sua condição de mercador, Arnolfini deve ter trazido desses lugares tudo o que o dinheiro poderia comprar e que propiciasse a ele e à esposa o maior conforto. Quanto aos móveis, chamamos a atenção para o amplo leito de dossel, provido de ricos cortinados, o tapete, talvez procedente da Turquia, de modo muito provável, um objeto caríssimo na época, assim como o requintado espelho, que exibe em seu entorno 10 das 14 estações da Via Sacra. Mas há ainda o lustre dourado e, sobretudo as laranjas, importadas do sul da Europa, que eram uma raridade no norte do continente. E há que lembrar, como não poderia deixar de ser, as roupas das personagens. O homem veste o tabardo, um manto com mangas e capuz, com remates de pele de marta, enquanto a mulher usa um belo vestido, de cores vivas e alegres, com punhos de arminho, um colar, anéis e um cinto todo de ouro. A exibição de tantos bens de alto valor serve como ostentação – um modo de o casal exibir a ascensão numa sociedade altamente estratificada, apesar de serem burgueses e mercadores.

O espectador, chamado pelo olhar de Giovanni Arnolfini, é convidado a entrar nesse mundo, para, em primeiro lugar, também servir de testemunha legal do casamento que ora se realiza, em segundo lugar, da riqueza deles e, em terceiro lugar, da ascensão de uma classe, a burguesa, que passa a ter os mesmo privilégios de uma classe superior – que começa a substituir –, a nobreza. Com efeito, a tela, entre outras coisas, é fundamental como o registro histórico de uma profunda mudança social, principalmente nos países do Flandres e na Itália, em que o poder do dinheiro, de certo modo, começa a suplantar o do sangue. Isso, a ponto de um simples mercador merecer posição de destaque, ao ser representado num quadro, não pelo fato de pertencer à nobreza, mas por suas posses. A verticalidade social começa a ser substuída pela horizontalidade, com a valorização dos bens terrenos, o materialismo, ou, se se quiser, o antropocentrismo. E para celebrar esse novo e luminoso mundo que nasce, com todo seu esplendor e beleza, em tudo oposto ao mundo da transcendência, representada, por exemplo, nos quadros medievais de Giotto e Fra Angelico, ainda Van Eyck nos oferta a gravidez da mulher, como símbolo fértil da vinda de um renascimento.

A *ekphrasis*, neste caso, bastante sucinta, não tem como interesse a descrição minuciosa de um quadro já de si minucioso, mas, sim, se concentrar em discutir a questão da ilusão, da representação ou, se se quiser, da teoria da recepção. A tela, afinal, foi concebida para os olhos de espectadores, desde o seu tempo até nossos dias. Ver implica deslindar implícitos que o pintor deixou sugeridos na tela, por meio de gestos e atitudes das personagens, não desenvolvidas no seu todo. Do ponto de vista de Maria João Reynaud,

[...] a correspondência da poesia com a obra pictórica ou escultórica é encontrada, não raro, num movimento gradual de aproximação, até ao ponto em que a perspectiva se anula e dá lugar a uma reversibilidade do olhar que é da ordem do enigma[7].

O enigma está num olhar que se dirige a outro e não identificado olhar: afinal, o comerciante Arnolfini não quer apenas ser visto, junto com sua bela mulher e seus caros objetos de decoração, mas quer mostrar quem é e o que possui, como se constituísse um símbolo vivo de não só uma pessoa, mas também de uma classe em plena ascensão social.

ALMEIDA FARIA[8], AS FANTASMAGORIAS DE UM COLECIONADOR

Em seu conto "*Vanitas*, 51, Avenue d'Iéna"[9], Almeida Faria imagina um fantasmagórico diálogo entre um jovem pintor

---

7. Maria João Reynaud, *op. cit.*, p. 42.
8. Benigno José Mira de Almeida Faria (Montemor-o-Novo, Portugal, 1943).
9. Almeida Faria, "*Vanitas*, 51, Avenue d'Iéna", Lisboa, Fundação Calouste Gulbenkian, 2007.

A *EKPHRASIS* NA MODERNIDADE

e o colecionador e protetor das artes, Calouste Gulbenkian[10]. Hospedando-se num palacete na Avenue d'Iéna, em Paris – no passado, moradia, no momento presente, um museu –, o jovem acorda pela noite e tem uma espécie de delírio, no qual estabelece conversação com o fantasma do rico mecenas que, sem se identificar, trata com ele de questões relativas às artes em geral e às atividades de colecionador. Em meio à longa digressão, descreve e comenta telas que faziam parte de seu museu particular e que, após sua morte, foram doadas, em especial, ao museu da fundação Calouste Gulbenkian, em Lisboa.

A palavra *vanitas*, que dá título ao conto, não só significa "vaidade", como também se refere a um gênero específico de pintura, que se caracteriza, segundo o mecenas, por se constituir numa "daquelas misteriosas naturezas-mortas designadas por *vanitas*, que traduzem em imagens o *memento, homo, quia pulvis es et in pulverem reverteris*"[11]. Na sequência, ele descreve, de maneira genérica, o que tais telas conteriam:

> Aqueles fulgores de frutos e flores onde perversamente aparece a pétala fanada, a polpa murcha, o podre; aquelas riquezas da Terra onde de súbito surge o bolor e o verme; os moluscos e insetos carregados de recados, a mosca simbolizando talvez o demônio ou o mal, e o caracol cuja casca alude, segundo alguns, ao vazio da fortuna, ao oco tambor da vanglória e da fama[12].

A descrição não é neutra, objetiva, pois vem contaminada pela interferência do narrador, de modo especial, quando ele se utiliza do advérbio "perversamente", do dubitativo "talvez", da referência aos "recados", sugeridos pela presença dos "moluscos e insetos"

---

10. *Calouste* Sarkis *Gulbenkian* (Üsküdar, 1869 – Lisboa, 1955) foi um engenheiro e empresário armênio naturalizado britânico, que trabalhou no setor do petróleo, amealhando assim grande fortuna. Foi também um mecenas, tendo dado um grande contributo para o fomento cultural, científico, humanitário etc. em Portugal, instituindo a Fundação Calouste Gulbenkian.

11. "Lembra-te, homem, de que és pó e ao pó voltarás", palavras de Deus a Adão após o pecado original, na tradução latina da *Vulgata* (Gênese, 3, 13).

12. Almeida Faria, *op. cit.*, p. 30.

74 A POESIA COMO PINTURA

e dos juízos atribuídos a outra pessoa, "segundo alguns". Mais ainda: a *ekphrasis*, no caso, não tem como ponto de partida nenhuma tela em particular, mas apenas o gênero *vanitas*, que se caracteriza pelo seu caráter paradoxal. Com efeito, se, de um lado, há referências a elementos que indiciam vida em seus excessos, seja na Natureza, seja nos trabalhos humanos, como "fulgores de frutos e flores", "riquezas da Terra", "fortuna", "vanglória e fama"; por outro lado, esses mesmos elementos convivem com seus contrários, como "pétala fanada, a polpa murcha, o podre", "o bolor e o verme", "vazio da fortuna", "oco tambor". A existência do paradoxo faz que as tais naturezas-mortas, denominadas *vanitas*, tenham, pois, o sentido pragmático, aludido por Abrams: "a obra de arte principalmente como um meio para um fim, como instrumento para conseguir que se faça algo, e tende a julgar seu valor caso tenha êxito para realizar esse propósito"[13]. São obras que procuram equilibrar o belo e o útil, no sentido de que a beleza lançada aos olhos serve de atração, para que se lance à consciência um valor moral, de modo mais específico, uma advertência sobre a curta duração da vida, a efemeridade dos prazeres. Na realidade, é como se os paradoxos existentes no *vanitas* constituíssem uma metáfora da própria vida, cuja interpretação de caráter moral tivesse como resultado a crença no homem de que os bens aqui da Terra têm curta duração. Mas não só isso: supõe-se, pela descrição, que tais bens já revelam/ocultam, em sua essência, os índices de corrupção; cultuá-los, reverenciá-los seria o equivalente a cultuar, de modo paradoxal, a própria morte.

Mais adiante, o narrador refere-se a um *vanitas* em particular, *A Grande Vaidade*, de Stoskopf[14], que resume numa pequena *ekphrasis*: "lá está a ampulheta, a caveira, o mundo enquanto teatro – uma gravura na parede representa não me lembro já que arlequinada"[15]. A concepção do mundo como "teatro" implica que a tela tenha um sentido simbólico e/ou alegórico: a "ampulheta"

13. M. A. Abrams, *op. cit.*, p. 43.
14. Sebastian Stoskopf (Estrasburgo, 1597 – Idstein, 1657).
15. Almeida Faria, *op. cit.*, p. 31.

representa a rápida passagem do tempo, a "caveira", a morte e a "arlequinada", o prazer efêmero, que contrasta com os elementos anteriormente referidos.

Estas disquisições do fantasma a respeito da vaidade humana, não como um discurso filosófico, mas, sim, como componente essencial de um gênero de pintura, permitem uma reflexão mais ampla, que diz respeito às relações entre a vida e/ou a natureza e a arte, como se pode ver pela passagem abaixo:

> A natureza tem uma face repelente, a bestialidade, a morte, o mau cheiro, que a arte supera mesmo quando trata do terror ou retrata a fealdade. A arte pode ser inquietante e terrífica – como se diz que os anjos são terríficos – mas também consola e pacifica[16].

A face "repelente" da natureza, onde há "a bestialidade, a morte", aqui referida de maneira geral, também comparece quando ele revela detalhes da estupidez humana, ao lembrar a perseguição que o povo armênio sofreu no passado: "o senhor sabe que, num dia só, foram massacrados muitos milhares de armênios, tentaram decapitar de vez a nossa espécie? Completei meio século nesse ano, e chorei como uma criança"[17]. A vantagem da arte sobre a natureza, em que o horror se manifesta sem que haja consolação, está em seu caráter consolador e pacifista, mesmo quando trata do que inquieta, do que é terrível. E isso é que levará Calouste Gulbenkian a querer ter uma existência pautada pela arte, que o fará esquecer, com seu poder catártico, o sofrimento. A arte servirá a ele como o meio mais adequado de suportar as iniquidades, a fealdade e os horrores da vida: "vivi bem, e as alegrias da arte tornam a minha situação mais que suportável"[18]. A partir dessa constatação, nota-se no comportamento do mecenas um distanciamento progressivo da realidade e um mergulho radical no mundo da ficção, da representação. Como consequência desse

16. *Idem*, p. 21.
17. *Idem*, p. 20.
18. *Idem*, p. 19.

amor integral à arte, ele se transformará num colecionador, um tipo de pessoa que age sobre o real, se assim o podemos dizer, de uma maneira *artística*, ao ter por hábito retirar "os objetos de suas relações funcionais"[19]. Afinal, como ele mesmo diz, "coleccionar é ser sultão não de pessoas mas de coisas. É buscar uma harmonia entre coisas de que nos sentimos protectores", pois, "enquanto que a maioria das paixões nos ameaça com o risco do caos, a paixão de coleccionar tem a vantagem de impor um método à imensa desordem do mundo e dos objectos"[20].

Mas, acrescentando mais um dado nessa personalidade multívoca de Calouste Gulbenkian, notamos que, além de colecionador de objetos de arte, ele se transforma por meio da escritura de Almeida Faria, num criador de *ekphrasis*. A esse propósito, selecionamos uma das muitas que há no conto, em que o texto verbal glosa o não-verbal. É a tela *A Leitura* (1870), do pintor francês Fantin-Latour[21]:

Henri Fantin-Latour, *A Leitura*, 1870.

19. Walter Benjamin, *Passagens*, Belo Horizonte, UFMG/Imprensa Oficial do Estado de São Paulo, 2007, p. 421.
20. Almeda Faria, *op. cit.*, pp. 45-46.
21. Henri Fantin-Latour (Grenoble, 1836 – Orne, 1904).

"Por exemplo? Olhe, *A Leitura* do Fantin-Latour, uma daquelas telas que conheço de cor. Está agora em Lisboa, há uns anos contudo o senhor vê-la-ia nessa parede aí, entre as colunas e essa porta que dá acesso a um dos meus escritórios. Não me importaria de ter sempre por perto as duas irmãs nele retratadas: na sombra, em segundo plano, a leitora aponta com o indicador a linha onde ia ao reparar que a sua ouvinte, voltada para dentro e ausente em devaneios, não lhe prestava a atenção devida. Deduzo do vestido austero e do véu ou mantilha preta que a distraída sonhadora sofreu um desgosto recente. Mas o xaile vermelho no regaço – sobre que pousa as mãos abandonadas – e, no cabelo, a fita muito azul, deixam-me na dúvida. Uma era noiva do pintor, a outra ficou por casar. Adivinha qual é qual?"

Sem esperar pela resposta, prosseguiu: "A leitora é a noiva, Victoria; a loura e futura cunhada é Charlotte. Eu teria escolhido a preterida; Fantin, pelo contrário, casou com a outra, pintora amadora, frequentadora do Louvre, amiga de artistas e recém-retratada por Degas, apesar de, quanto a mim, ele adorar Charlotte, como o prova a quantidade de vezes que a retratou. Talvez o sentimento fosse recíproco, embora seja difícil decidir pela altivez e o olhar da bela solitária. [...] Fosse qual fosse a relação de Charlotte com o cunhado, a verdade é que Fantin me transmitiu o seu entusiasmo. As cenas de interior em que ela aparece são, juntamente com as naturezas-mortas, o melhor de sua obra. Não sei se reparou que *A Leitura* de Lisboa, com a sua jarra de flores, alia ambos os gêneros na mesma tela: a natureza-morta e o intimismo do retrato em família"[22].

O narrador começa por se referir às "duas irmãs retratadas", mas logo se concentra em desvendar o título da tela, fixando-se numa das mulheres que acaba por interromper a leitura de um livro. Do ponto de vista de Calouste, ela fez isto ao se dar conta de que a ouvinte não lhe presta mais atenção, pois está "voltada para dentro e ausente em devaneio". A referência ao mundo de devaneios da segunda mulher é mera suposição, que nasce da capacidade do observador de ativar implícitos que o

---

22. Almeida Faria, *op. cit.*, pp. 15-17.

quadro apenas sugere, mas não diz às claras, porque não cabe à pintura dizer. Sendo assim, o exegeta parte para uma dedução, ao ler e interpretar alguns índices que possam explicar o porquê da atitude meditativa da moça, no caso, apontando o "vestido austero" e o "véu ou mantilha preta", que poderiam sugerir a ideia de um "desgosto recente". Contudo, essa observação é matizada pela lembrança do "xaile vermelho no regaço" e a "fita muito azul" nos cabelos, cores festivas, alegres, o que acaba provocando dúvida em seu espírito observador. Como se vê, a captação da interioridade do ser humano (o "desgosto recente") é prerrogativa de um ato imaginativo, cristalizado por signos verbais, a interpretarem, de maneira livre e subjetiva, os não-verbais – no caso, as formas (o "vestido austero"), as cores ("a mantilha preta").

Na sequência da *ekphrasis*, o narrador, tocado pela contemplação da moça devaneando, desenvolve uma história, isto é, ativa a tela ainda mais, ao lhe dar um caráter narrativo, já que "a literatura ecfrástica tipicamente origina-se do fértil momento embriônico do impulso narrativo da arte gráfica, e assim torna explícita a história que a arte gráfica conta somente por sugestão"[23]. A história que aqui se conta, subterrânea, trata do hipotético amor de Fantin-Latour pela enigmática mulher, retratada em *A Leitura*: "apesar de, quanto a mim, ele adorar Charlotte, como o prova a quantidade de vezes que a retratou". Daí se pode apontar um deslocamento em relação à tela que serviu de base para a *ekphrasis*. Não interessa tanto ao observador se concentrar no motivo central do quadro, a questão da leitura interrompida por Victoria, e, sim, ler o que há nos olhos sonhadores de Charlotte, ou mesmo, ver a interrupção da leitura como um ato promovido por um olhar enigmático, que conduz o espectador ao plano de uma possível paixão, paixão essa que incentivará o pintor a produzir mais telas, tendo como modelo sempre a mesma mulher. O resultado disso é que, nas obras de Fantin-Latour, ao ver de Calouste, "as cenas de in-

---

23. James A. W. Heffernan, *op. cit.*, p. 301.

terior em que ela aparece são, juntamente com as naturezas-mortas, o melhor da sua obra". Há na leitura ecfrástica da tela *A Leitura*, por parte do mecenas, a sugestão de que a paixão oculta, de caráter amoroso, provoca como que um aprimoramento do gosto e da produção artística do pintor francês. E esse aspecto se nota no próprio Calouste, quando, ao tratar do viés erótico da poesia do poeta Saint-John Perse, revela seu intenso amor pelas mulheres:

> [...] e eu sou sensível a versos desses porque também dediquei ao feminino um culto que muitos dos *meus* quadros denunciam: além da cunhada do Fantin-Latour de que já lhe falei, há um *Retrato de Uma Jovem*, do Ghirlandaio; uma *Dona Leonor*, irmã de Carlos V e duas vezes rainha, primeiro de Portugal, depois de França, retratada por Van Cleve; a *Helena Fourment*, do Rubens, a *Madame Claude Monet*, do Renoir; e outras, como a tristonha *Infanta Dona Mariana* do Velázquez ou a *Santa Catarina* atribuída a Cranach[24].

Somente que, tanto em Fantin-Latour, quanto nele (e, por extensão, no próprio poeta) a paixão pelo feminino cristaliza-se na arte. O pintor francês casa-se com uma mulher, mas reverencia outra, talvez mais bela e mais sensível, transformada em motivo deflagrador de suas obras-primas; o colecionador "coleciona" mulheres, mas apenas em seu harém artístico. Isso faz que o caráter efêmero das paixões humanas, no seu sentido mais estrito, não tenha poder algum sobre eles – a arte terá o condão de perenizar esse amor extremado pela mulher, ou melhor ainda, pela essência da mulher, entendida aqui como o "feminino" referido no texto.

A *ekphrasis*, em "*Vanitas*", de Almeida Faria, como requer esse gênero de escrita, é um meio de se prolongar um modo de ver o mundo, tendo por base não a realidade em si, mas uma representação da realidade. Representação da representação, no sentido de que a prática da *ekphrasis* serve a Calouste Gulbenkian, junto

---

24. Almeida Faria, *op. cit.*, p. 38.

com o hábito de colecionador, para que ele possa perpetuar uma existência vicária, longe de tudo o que cause tumulto, dor, confusão. Eis o grande sonho do fantasma, encerrado em sua mansão: *ars longa, vita brevis*, como o queria Hipócrates.

PÉRICLES PRADE[25] E A INTERTEXTUALIDADE

Textos de caráter ecfrásticos são muitos comuns na ficção de Péricles Prade. Para começar, lembramos aqui o conto "No Museu"[26]. Há nele um intercâmbio entre os signos verbais e a tela de Van Gogh *Café à Noite*, para tratar das complexas relações que há entre um mestre e um epígono. A narrativa representa um objeto que já é de si uma produção intelectual, uma ficção. Nela, como numa relação especular, uma representação evoca outra representação, ou seja: o mundo ficcional da narrativa contempla a tela do pintor flamengo, que é invadida pelo imaginário de uma das personagens. Eis o quadro:

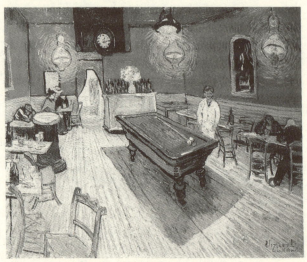

Van Gogh, *Café à Noite*, 1888.

25. Péricles Luiz Medeiros Prade (Rio dos Cedros, 1942).
26. Péricles Prade, *Os Milagres do Cão Jerônimo*, 5. ed., Florianópolis, Letras Contemporâneas, 1991.

A tela, produzida em 1888, é assim explicada pelo pintor, numa carta dirigida ao irmão Theo:

> Procurei exprimir a terrível paixão da humanidade com o vermelho e o verde. A sala é vermelho-sangue e amarelo carregado, com uma mesa de bilhar verde no meio; há quatro lâmpadas amarelo-limão com uma irradiação de laranja e verde. [...] Procurei exprimir, por assim dizer, as forças da escuridão num bar ordinário, e tudo isso numa atmosfera de fornalha diabólica cor de enxofre claro[27].

O que Van Gogh explicita na epístola manifesta-se na narrativa de Prade, por meio da ação mórbida, doentia da personagem. Tal personagem, o pintor de "roxas faces", que vive com a mãe, todos os dias segue uma rotina, indo ao museu "conversar com o seu quadro predileto", ou melhor, com o homem de branco, ao pé da mesa de sinuca. Não bastasse a fixação materna, ainda há que se ressaltar no relato a postura autista, solipsista da personagem, que, possuído por uma fixação, não só se fecha em seu pequeno mundo, repetindo sempre os mesmos gestos, como também transforma em realidade o que é um produto da ficção. E isso o leva a adotar uma atitude profanadora, que se evidencia, quando se propõe a libertar a personagem dos limites do quadro, desde que este "subvertesse todo o ambiente, pois odiava Van Gogh, o grande gênio"[28]. A partir daí, sob instigação da personagem de fora da tela, o quadro começa a ser modificado, em sua composição, pela personagem de dentro da tela:

> O relógio, que no quadro marcava doze horas e quatorze minutos, está quebrado, assinalando quinze para as oito; sobre a mesa, sete bolas coloridas; desaparecido o taco; dos três lampiões, um apenas se encontra aceso; no chão, manchas de sangue sugerindo luta; na parede ver-

---

27. *Apud* Peter Gay, *Modernismo*: *O Fascínio da Heresia*, São Paulo, Companhia das Letras, 2009, p. 120.
28. Péricles Prade, *op. cit.*, pp. 87-88.

melha uma rachadura em forma de v e a cabeça de todos os fregueses pendidos sobre as cadeiras[29].

No final, pintor fracassado, ao não cumprir sua parte no pacto (ou seja, libertar o homem de branco do mundo fictício em que vive), é assassinado pela personagem da pintura, com um punhal, um símbolo fálico. Esse símbolo é utilizado porque se manifesta na personagem um complexo edipiano, que se caracteriza pela fixação da imago materna e pelo ódio ao pai. A figura paterna, no caso, é representada pelo próprio Van Gogh. Podemos perceber no conto o princípio da "anxiety of influence", de que fala Bloom. A "ansiedade da influência", cunhada pelo crítico norte-americano, manifesta-se quando escritores (ou artistas de modo geral) são obstruídos em seu processo criativo pela ambígua relação que mantêm com precursores. A influência dos precursores, via de regra, provoca ansiedade, angústia, nos epígonos, que têm os grandes mestres como modelo em que se inspiram ou, nos casos de ciúme, como obstáculos que devem ser superados[30].

No conto "Bicicletas"[31], o uso do recurso da *ekphrasis* torna-se mais intenso ainda, na medida em que Prade, a par do fictício do enredo, viaja por obras reais, criadas por artistas plásticos e uma fotografia do início do século XIX. O conto trata da obsessão de um homem por bicicletas – "coisa mental, única, sem possibilidade de mudança de foco"[32] – e da crítica aos que tentam explicar sua "paranoia" apenas como resultado de influências estéticas. Num primeiro momento, a personagem investe contra a ideia de que sua moléstia havia sido suscitada pela *Roda de Bicicleta* (1913), de autoria de Marcel Duchamp:

---

29. *Idem*, p. 88.
30. Harold Bloom, *The Anxiety of Influence, A Theory of Poetry*, Oxford, Oxford University Press, 1997.
31. Péricles Prade, *Correspondências – Narrativas Mínimas*, Porto Alegre, Movimento, 2009.
32. *Idem*, p. 27.

Marcel Duchamp, *Roda de Bicicleta*, 1913.

Antes de entender a razão da crítica a esta interpretação distorcida de sua paranoia, valeria a pena discorrer sobre a arte peculiar de Duchamp. Um dos mentores do Dadaísmo, movimento vanguardista europeu do início do século XX, o artista francês foi o criador daquilo que se convencionou chamar de *ready-made*, que consistia em promover "o objeto ordinário, produzido em massa, à obra de arte"[33]. Os dadaístas investiam contra um conceito de Belo estratificado, *a priori* concebido, cuja beleza provinha, entre outras coisas, do material utilizado, diferente, pela qualidade e nobreza, dos objetos do cotidiano banal. Partindo do princípio de que era preciso voltar às costas a um conceito de arte ultrapassado, que levava à acomodação, à mesmice e, assim, romper com o hábito, os adeptos de Dadá utilizavam-se de materiais nada nobres – pedaços velhos de madeira, recortes de jornal, ferro, papel –, colhidos ao acaso nas ruas ou abandonados nos sótãos e porões, para compor suas obras. Duchamp foi além desse procedimento, pois chegou ao ponto de exibir, em exposições, um vaso sanitário e também prosaicos cabides. Seu intento era o de promover os objetos comuns a obras de arte, no instante em que lhes tirava a *utilidade*. É o que acontece com *Roda de Bicicleta*: prendendo a roda de ponta-cabeça num banquinho, Duchamp altera o modo de ser do veículo, ao lhe anular o movimento. Em consequência, a bicicleta perde sua prerrogativa de veículo e torna-se

33. Dawn Ades, *O Dadá e o Surrealismo*, s.l.p., Editorial Labor do Brasil, 1976, p. 7.

outra coisa, a ser observada numa exposição ou num museu com olhos diferentes do que seria observada no cotidiano.

Na sequência, a personagem investe contra outros produtos artísticos – tendo sempre como motivo a bicicleta – que seriam imputados como responsáveis por sua obsessão: a escultura *Cabeça de Touro* (1942), de Picasso, e a *Bicicleta de Beuys* (1984), de autoria do artista performático Joseph Beuys. A escultura do artista catalão, que "satisfez apenas aos amantes da tauromaquia"[34], não só condena o veículo à imobilidade, ao prender parte dele numa parede, como também lhe desvirtua a função, ao transformá-lo em outra coisa, uma cabeça de touro:

Pablo Picasso, *Cabeça de Touro*, 1942.

O princípio dadaísta é o mesmo – acolher um material ordinário, sem nobreza, uma simples sucata –, mas o resultado é diferenciado, porque Picasso imprime um caráter mimético ao seu objeto, mostrando de modo mágico que um simples selim e um guidão, de acordo com nova arrumação, podem ter semelhança com um touro, aliás, um de seus motivos artísticos prediletos. Por essas razões – o efeito da imobilidade e a transformação de partes da bicicleta –, é que a personagem afasta a possibilidade de a obra de Picasso ter determinado sua suposta paranoia. Quanto a Beuys, seu objeto estético compõe-se de uma bicicleta, representada em sua totalidade,

---

34. *Idem*, p. 27.

A EKPHRASIS NA MODERNIDADE

que conta, atrás de si, com uma série de círculos e traços, pintados sobre uma superfície plana, representando hipotéticos caminhos. Beuys investiu no que se convencionou chamar de *vehicle-art*, no sentido de que "*parte para a ação*, dinamiza o objeto, libera sua energia térmica"[35]. Essa bicicleta mental igualmente será rejeitada como fonte propiciadora da obsessão da personagem, devido a "sua pedagógica, lendária e messiânica pretensão"[36]. Ao cabo, não aceita conceber nenhuma dessas obras de arte como geratriz de sua obsessão, porque desvirtuam as funções da bicicleta, motivo de sua paixão, que, aliás, vem descrita no seguinte fragmento:

A verdadeira paixão é a própria bicicleta, inteira, de uso diário, *objeto útil* e estético. Acho intolerável que alguém, mesmo sendo artista famoso, se aproprie de sua forma, tanto na totalidade, quanto em parte. Ela vale, pouco importa o modelo, pela beleza dos componentes e pelos diastólicos impulsos do movimento. Enfim, por si só, como *deslumbrante ser físico*[37].

O que ele ama de maneira obsessiva é a ideia da *bicicleta em si*, ou ainda, a *bicicleticidade* desse objeto móbil, presente em sua utilidade como veículo e alterada pela arte iconoclasta que, ao lhe tirar o caráter útil, tira-lhe também o movimento ou apenas lhe dá um movimento metafísico, como acontece com a de Beuys. Vem daí que a personagem – um apaixonado colecionador de bicicletas –, ao não ser contemplado com uma bicicleta em seu aniversário dos 25 anos, resolve furtar uma, a fim de não se tornar "violento". Para se acalmar ou para canalizar a obsessão psíquica, interfere numa fotografia do fotógrafo Harlingue-Viollet, que registra uma pessoa andando de bicicleta. O que chama a atenção é o fato de o autor usar de novo de um recurso que lhe é muito caro, a *ekphrasis*, mas se concentrando agora numa foto, que constitui, devido a sua especificidade artística, uma reprodução mimética do real, como se verifica na descrição abaixo:

---

35. Alain Borer, *Joseph Beuys*, São Paulo, Cosac & Naif, 2001, p. 22.
36. *Idem*, p. 27.
37. *Idem*, p. 28 (grifos nossos).

Ele andava com o olhar fixo no provável horizonte, sem revelar distração, movimentando os pés com segurança, o esquerdo embaixo e o direito em cima, cuja cabeça, enfeitada por um bigode ralo, emoldurada pela postura heráldica, cobria a metade do portão de uma casa antiga com a janela maior de asas abertas[38].

A pessoa assim descrita é Alfred Jarry que, em 1896, comprou uma bicicleta, mas não a pagou. A foto registra o momento em que o escritor seguia pela rua Laval, em Paris. A revelação de sua identidade acontece por meio do Dr. Faustroll, personagem da obra *Gestes e Opinions du Docteur Faustroll, Pataphysicien*, de autoria do próprio Jarry:

Semana passada, ao compulsar o álbum fotográfico de Harlingue-
-Viollet, no consultório do Dr. Faustroll, o sábio cientista me informou, soluçando, que a bicicleta furtada era de um tal de Alfred Jarry, seu protetor, abatido pela tuberculose parisiense em 1909[39].

A personagem, saindo à procura de uma bicicleta, para satisfazer o seu desejo doentio, entra foto adentro e acaba por seguir Jarry pela rua e, quando este a estaciona, aproveita para furtá-la. O poeta do absurdo é invocado porque toda a situação é absurda: a intromissão física da personagem numa fotografia, a subversão do tempo, a criatura criada falando do seu criador, a menção indireta do provérbio "ladrão que rouba ladrão", para justificar uma obsessão. É só no momento em que a personagem, desprezando as explicações artísticas de sua moléstia mental, faz esse recorte no tempo e furta a bicicleta real, é que poderá dar vazão a seu desejo: o de pedalar, até a exaustão, numa bicicleta real.

Mas, nesta altura, uma questão fundamental se coloca: por que a bicicleta? Por que não um veículo como um carro, também desvirtuado esteticamente por artistas, entre eles, o próprio Beuys? Pelo fato de a bicicleta, ao mostrar uma relação harmo-

38. *Idem*, pp. 28-29.
39. *Idem*, p. 29.

niosa entre ela e seu condutor, sugerir verdadeira *correspondência* entre ambos. O movimento de um está atrelado ao de outro, e o equilíbrio só se dá pela sinergia que se opera entre quem conduz e quem é conduzido, a ponto de não se saber quem é ativo ou passivo na ação. É possível, portanto, estabelecer uma analogia entre essa perfeita integração homem-máquina com a integração cósmica que o homem sempre almejou. Sendo assim, pedalar uma bicicleta, mais do que um ato mecânico, é um ato religioso. Não é à toa que, de posse da bicicleta que furtou, a personagem pedala num local que se lhe assemelha a uma "Catedral de muros fechados"[40].

Por fim, no livro ainda inédito, *Espelhos Gêmeos,* o diálogo intertextual/ecfrástico comparece em dois contos de Prade, "Diário de um Sapato Acima de Qualquer Suspeita" e "Marcel Enquanto Joga". O primeiro deles constitui as confissões de um sapato, que deixa um diário incongruente, cobrindo um período de sete séculos, nos quais, ele vai passando de mãos em mãos ou de pé em pé... Num determinado momento, há uma referência ao filme *Der blaue Engel,* de 1930, dirigido por von Sternberg e estrelado por Marlene Dietrich, que conta a história de um austero professor que, ao se envolver com uma dançarina de cabaré, de nome Lola, sofre um processo de crescente degradação física e moral. O narrador descreve uma cena capital da película, na qual, a sedução da mulher atingirá seu ponto máximo: ela canta, assentada sobre um barril, exibindo as belas pernas e apoiando o salto do sapato – que se tornará o centro de todo interesse da narrativa – sobre um dos joelhos.

Utilizando-se da *ekphrasis,* o narrador congela a narrativa, tirando dela todo e qualquer movimento, ao se apropriar de uma foto, baseada num fotograma. Se a cena isolada elimina a narratividade dela, quando acoplada a outros fotogramas, na exibição do filme, o autor, ao se utilizar de procedimentos ecfrásticos, não só lhe dá movimentos, como também desperta implícitos, através da mente doentia do contemplador. E esse expediente

40. *Idem, ibidem.*

serve para que se manifeste aqui o sentido alegórico-simbólico do *fetichismo-retifismo*. O *fetichismo* leva em conta um objeto (entendido como fetiche) a que se atribui poder sobrenatural ou mágico. Ao ser apropriado pela psicanálise,

[...] refere-se a algo que é colocado em lugar do objeto sexual, podendo ser uma parte do corpo, inapropriada para as finalidades sexuais, ou algum objeto inanimado que tenha relação atribuível com a pessoa que ele substitui, como uma peça de roupa, um adereço ou até *um brilho no nariz*, tomando o exemplo com que Freud inicia o texto *Fetichismo*, em 1927[41].

De acordo com Freud, o mecanismo do fetichismo fundamenta-se sobre um recalque infantil. A criança, incapaz de aceitar que as mulheres não tenham o órgão viril, ideia que se lhe torna inquietante e insuportável, reconhece a ausência do pênis e a nega, substituindo-a por um símbolo, que pode ser uma parte do corpo feminino ou um objeto ligado a ele. Como consequência disso, "os objetos feiticistas transformam-se em parceiros sexuais; o homem feiticista utiliza-os para a *masturbação*"[42], já que ele não se satisfaz com a totalidade do corpo do seu parceiro. O fetichista, ao manipular objetos simbólicos, está sempre compensando uma falta traumática, a do pênis na mãe.

Mas, neste diálogo entre o texto verbal e o cinematográfico, há um processo de desvio e/ou transferência, ou seja, como o narrador se dirige de maneira direta ao leitor – "olhem bem o sapato direito encostado no joelho esquerdo"[43] –, este, *malgré lui*, acaba se transformando também num fetichista e, nessa condição, exerce o seu ofício de pervertido junto (ou no lugar) das personagens. O que se deduz da cena congelada é que o fetichismo de segundo grau – de caráter metonímico – tem, paradoxalmente, mais força que o do primeiro grau, pois "ele (o sapato) é que representa o elemento primordial dessa eternidade. As pernas envelhecerão:

41. Carlos Antônio Andrade Mello, "Um Olhar sobre o Fetichismo", *Reverso*, ano 29, n. 54, pp. 71-76, Belo Horizonte, set. 2007, p. 72.
42. Ludwig Knoll e Gehard Jaeckel, *Léxico do Erótico*, Lisboa, Bertrand, 1977, p. 160.
43. *Idem*, p. 8.

ele, não"[44]. O artificial supera o natural, pois o sapato, enquanto elemento deflagrador do erótico, passa a ter mais valia que o corpo em sua totalidade. Ora, é por isso que o narrador-sapato dá ao leitor a condição de fetichista – desse modo, faz que seu diário, na aparência, inconcluso, permaneça *ad aeternum*, renovando-se a cada leitura e modificando-se, dependendo da óptica de cada espectador privilegiado da cena sensual. Percebe-se, assim, que o fetichismo, mais do que uma perversão, configura-se, simbolicamente como a atitude artística por excelência, enquanto que o fetichista, por sua vez, configura-se como o artista. Nessa condição, o objeto de fetiche, o sapato dispensa o Outro e instaura-se ele próprio como uma realidade autônoma. O sapato, personificado, é narrador e personagem e tem, devido a isso, uma crônica pessoal, que o eterniza. É assim que a arte trabalha com a realidade – com simulacros, que a perpetuam; afinal, de acordo com o primeiro aforismo de Hipócrates, *ars longa, vita brevis*.

Estas reflexões acerca do fetichismo e sua relação com o artificial, com o mundo da arte, terão seu desdobramento no talvez mais emblemático conto de todo o livro, intitulado "Marcel Enquanto Joga". Nele, o narrador-personagem, já de início, aponta o seu "vício", a sua "obsessão", que é o jogo de xadrez, mas seu desvio diz respeito ao fato de ele se interessar menos pela vitória do que pelo jogo em si, pelo "movimento das peças nas casas, mesmo se a partida, imortal ou não, perdure dias e dias nesse reino de possibilidades infinitas"[45]. A personagem é, de certo modo, um *voyeur*: ao se desligar da vida, compraz-se em observar Marcel Duchamp jogando xadrez, numa foto de 1963, tirada por Julian Vassar.

O artista plástico francês aparece jogando xadrez numa das salas do Pasadena Art Museum, tendo diante si, como improvável antagonista, uma mulher nua, o que serve para dar o tom surrealista a toda a cena. Mais uma vez, Péricles Prade utiliza-se da figura da *ekphrasis* não só na referência explícita à fotografia de Vasser, mas também na descrição e interpretação da foto por parte do

---

44. *Idem, ibidem.*
45. *Idem, p. 53.*

narrador-personagem. O leitor tem sua atenção chamada para o fato de Duchamp concentrar-se todo no jogo, "alheio ao mundo"[46], sem prestar a mínima atenção à mulher nua. Há um desvio, no sentido de que o homem se desliga do natural e concentra-se no artificial, o que implica o absoluto controle das pulsões, da sexualidade. Essa atitude do artista contamina o voyeurista que confessa:

Se alguém, no entanto, colocou-a lá, com o propósito de seduzir os espectadores, desde já afirmo: não me excito com os fartos seios à mostra, a barriguinha abaulada, os sombreados pentelhos aparecidos, a boceta escondida entre as coxas brancas, talvez tão pensativa quanto ela, que segura a cabeça de madeixas negras, dando a impressão de cair a qualquer momento.

O fundamental nesta reflexão é que o narrador-personagem descreve com minúcia a figura feminina, descendo ao escatológico, servindo-se de termos de baixo calão e chegando mesmo a adivinhar algo que não comparece em cena e que é um produto de sua imaginação – a vagina "escondida entre as coxas brancas". O apelo sexual anula-se, em Duchamp, que o sublima pelo jogo. O mesmo se passa com o narrador, ao observar o artista jogando, e com o leitor que vem a perceber que a mulher nua é apenas um suporte para essa confrontação entre o natural/animal e o artificial/humano, que é a base de toda a cultura. Na conclusão da narrativa, o músico homossexual Bobby Byrne, "de mãos dadas com o recente namorado", observa que "a beleza não se encontra na nudez da desconhecida, mas em Marcel, enquanto joga". O narrador-personagem fecha o conto, dizendo que rasgou a fotografia, pela metade, jogando "no lixo a parte que não tocou meu coração latino". É evidente que descartou a metade da foto contendo a mulher nua, porque ela, segun-

---

46. A postura de Marcel Duchamp, enquanto jogador de xadrez na foto em pauta, é muito similar à dos jogadores de xadrez de um poema de Ricardo Reis, que define esse jogo como o "dos grandes indif'rentes", no sentido de que, quando se entregam a esse artifício, alheiam-se completamente das fainas e dramas da vida (*Ficções do Interlúdio, Fernando Pessoa, Obra Poética*, Rio de Janeiro, Aguilar, 1972, pp. 267-269).

do os padrões de normalidade, é que deveria ativar o mecanismo das emoções e pulsões, ainda mais em se tratando de um "coração latino". A parte conservada da foto privilegia o artista em atitude contemplativa, alheio ao mundo e alheio, sobretudo, à possível erotomania provocada pela mulher desnuda que se oferece a sua frente como verdadeira tentação.

Nesses exemplos de *ekphrasis* em Péricles Prade, observa-se, portanto, a recriação linguística de várias obras gráficas: telas, esculturas, fotografias e fotogramas de filmes. No primeiro caso, o alvo é a relação entre mestres e discípulos, com a consequente interpretação freudiana da "anxiety of influence". No segundo caso, dá-se uma crítica à arte contemporânea, na medida em que ela desvirtua o sentido dos objetos, ou melhor, tira deles, a utilidade, como acontece com a bicicleta. No terceiro caso, verifica-se, nesse tipo de diálogo intertextual, a questão do fetichismo e da sublimação sexual. Em que pese, porém, as diferentes orientações compreendidas pelo uso da *ekphrasis*, é importante assinalar que, ao se utilizar desse recurso, Péricles Prade está propondo uma expansão do seu próprio texto verbal, de modo a que ele possa estabelecer um frutífero diálogo com textos não-verbais.

SARAMAGO[47] E SUA TELA SINCRÉTICA

No romance *Ensaio Sobre a Cegueira*, Saramago cria uma curiosa peça ecfrástica. Uma personagem que ficou cega, graças a uma moléstia desconhecida, conta a um grupo de pessoas também cegas uma visita que fez a um museu. Impressionado com as imagens, fixa em sua memória quadros de diferentes gêneros, pertencentes a pintores de várias nacionalidades. Contudo, ao narrar esse fato, num processo de confusão mental, acaba por juntar todas as telas numa só, acabando por compor uma surrealista colagem:

Já todos contaram a sua última história do tempo em que viam, perguntou o velho de venda preta, Conto eu a minha, se não há mais ninguém,

---

47. José de Sousa Saramago (Golegã, Azinhaga, 1922 – Tías, Lanzarote, 2010).

disse a voz desconhecida, Se houver, falará a seguir, diga lá, O último que eu vi foi um quadro, Um quadro, repetiu o velho da venda preta, e onde estava, Tinha ido ao museu, era uma seara com corvos e ciprestes e um sol que dava a ideia de ter sido feito com bocados doutros sóis, Isso tem todo o aspecto de ser de um holandês, Creio que sim, mas havia também um cão a afundar-se, já estava meio enterrado, o infeliz, quanto a esse, só pode ser de um espanhol, antes dele ninguém tinha pintado assim um cão, depois dele ninguém mais se atreveu, Provavelmente, e havia uma carroça carregada de feno, puxada por cavalos, a atravessar uma ribeira, Tinha uma casa à esquerda, Sim, Então é de inglês, Poderia ser, mas não creio, porque lá havia também uma mulher com uma criança ao colo, Crianças ao colo de mulheres é do mais que se vê em pintura, De facto, tenho reparado, O que eu não entendo é como poderiam encontrar-se em um único quadro pinturas tão diferentes e de tão diferentes pintores, E estavam uns homens a comer, Têm sido tantos os almoços, as merendas e as ceias na história da arte, que só por essa indicação não é possível saber quem comia, Os homens eram treze, Ah, então é fácil, siga, Também havia uma mulher nua, de cabelos louros, dentro de uma concha que flutuava no mar, e muitas flores ao redor dela, Italiano, claro, E uma batalha, Estamos como no caso das comidas e das mães com crianças ao colo, não chega para saber quem pintou, Mortos e feridos, É natural, mais tarde ou mais cedo todas as crianças morrem, e os soldados também, E um cavalo com medo, Com os olhos a quererem saltar-lhe das órbitas, Tal e qual, Os cavalos são assim, e que outros quadros havia mais nesse seu quadro, Não cheguei a sabê-lo, ceguei precisamente quando estava a olhar para o cavalo[48].

O primeiro quadro representado dentro do grande quadro parece ser, a princípio, *Trigal com Corvos* (1890) de Van Gogh. Contudo, de acordo com a imprecisa descrição da personagem, podemos nos lembrar de outra tela, *Noite Estrelada* (1889), pois, na primeira, não há nem os ciprestes e muito menos os vários sóis a que o narrador se refere: "era uma seara com corvos e ciprestes e um sol que dava a ideia de ter sido feito com bocados doutros

---

48. José Saramago, *Ensaio Sobre a Cegueira*, São Paulo, Companhia das Letras, 1995, pp. 130-143.

sóis, Isso tem todo o aspecto de ser de um holandês". Cego e apenas contando com o que se fixou em sua memória, o que acontece é a soma e a filtragem dos elementos essenciais das telas reais de Van Gogh, juntando duas delas numa só. Nesse processo, ele acaba confundindo estrelas dispersas no céu com sóis:

Van Gogh, *Trigal com Corvos*, 1890.

Van Gogh, *Noite Estrelada*, 1889.

A segunda tela, assim descrita – "mas havia também um cão a afundar-se, já estava meio enterrado, o infeliz, quanto a esse, só pode ser de um espanhol, antes dele ninguém tinha pintado assim um cão, depois dele ninguém mais se atreveu" –, é, sem sombra de dúvidas, *O Cachorro* de Goya:

Goya, *O Cachorro*, 1821-1823.

Na sequência, a personagem acrescenta uma tela que nos levou a pensar, baseando-nos no que o próprio texto sugere – "havia uma carroça carregada de feno, puxada por cavalos, a atravessar uma ribeira, Tinha uma casa à esquerda, Sim, Então é de inglês" –, que seria do pintor inglês Constable, *Estudo de uma Carroça de Feno* (1823):

Constable, *Estudo de uma Carroça de Feno*, 1823.

Contudo, logo em seguida, a personagem descarta Constable, ao fazer um pequeno acréscimo a sua tela resultante de tantas telas: "Poderia ser, mas não creio, porque lá havia também uma mulher com uma criança ao colo". Desse modo, o pintor inglês cede lugar de modo muito provável ao pintor francês Louis le Nain, autor do quadro *O Carro de Feno* (1641):

Louis le Nain, *O Carro de Feno*, 1641.

A outra tela acoplada ao conjunto de telas é descrita do seguinte modo: "E estavam uns homens a comer, Têm sido tantos os almoços, as merendas e as ceias na história da arte, que só por essa indicação não é possível saber quem comia, Os homens eram treze, Ah, então é fácil, siga,". A referência aos treze homens comendo à mesa remete-nos a Jesus Cristo e seus apóstolos e, por extensão, à tela de Leonardo da Vinci, *A Última Ceia* (1495-1498):

Leonardo da Vinci, *A Última Ceia*, 1495-1498.

O próximo quadro ou fragmento de quadro é assim descrito: "Também havia uma mulher nua, de cabelos louros, dentro de uma concha que flutuava no mar, e muitas flores ao redor dela, Italiano, claro,". Nessa descrição empreendida pela personagem, parece que ele se refere, tanto pelos detalhes, quanto pela nacionalidade do pintor, ao Botticelli de *O Nascimento de Vênus* (1485):

Botticelli, *O Nascimento de Vênus*, 1485.

A dúvida assalta o narrador, quando, na sequência, ele se refere a uma tela, representando uma batalha: "E uma batalha, Estamos como no caso das comidas e das mães com crianças ao colo, não chega para saber quem pintou, Mortos e feridos, É natural, mais tarde ou mais cedo todas as crianças morrem, e os soldados também". Há possibilidade de ele estar se referindo a vários quadros, que colhemos de maneira aleatória, como *A Batalha de Abukir* (1799), de autoria de Antoine-Jean Gros; *A Batalha das Pirâmides* (1798), de François-Louis-Joseph; *A Batalha de Pultawa* (1715-1720), de Jean-Marc Nattier, por exemplo. A narração nesse ponto é muito vaga, genérica quanto à tela referida, salientando-se, nela apenas, por meio da intervenção de um dos ouvintes da fábula do narrador, a questão dos "mortos e feridos", como elementos caracterizadores do que aconteceria numa verdadeira batalha. Contudo, um detalhe, que diz respeito à morte de crianças junto com os soldados, é uma pista importante. Assim, somos levados a crer que o narrador fixou em sua mente a tela *As Sabinas* (1785), da autoria de Louis David:

Louis David, *As Sabinas*, 1785.

A última tela, que trata de um cavalo com medo – "E um cavalo com medo, Com os olhos a quererem saltar-lhe das órbitas, Tal e qual, Os cavalos são assim" –, é muito provável que seja do quadro *Pesadelo* (1781), do pintor suíço Fussli:

Fussli, *Pesadelo*, 1781.

O problema aqui, na composição desta peça ecfrástica, é que o narrador utiliza-se da memória, para descrever as telas vistas num museu imaginário. Resulta daí que não só a descrição de cada tela em particular seja muito imprecisa na maioria dos casos e um pouco mais precisa em outros, como também que haja um embaralhamento em sua mente, que o leva a fundir todo os quadros, para compor um apenas. E o importante, acima de tudo, é que o cego só se lembra de telas figurativas, o que implica a não inclusão de obras de arte modernas e/ou contemporâneas, de certa maneira, impossíveis de serem descritas. Isso se justifica pelo fato de Saramago querer registrar apenas objetos artísticos que tenham um caráter mimético, objetivo, no sentido de que o real seja representado em seus traços mais aparentes ou, melhor dizendo, "fotográficos". A grande tela, que nasce do trabalho rememorativo do cego, funde aspectos dos mais distintos da realidade sensível: campos, pessoas – crianças, guerreiros, homens comendo –, animais, sóis, rios, carroças etc., como a representar a multiplicidade do real, visto em toda sua variedade.

A última história que o narrador cego contará é de um mundo *representado* três vezes, na arte, em sua memória e em seu discurso incongruente. Se, nas primeiras representações, apreendem-se aspectos significativos e ordenados do real, na representação memoriosa, tais aspectos fundem-se em flagrante desarmonia, pois ao cego não cabe dar uma interpretação significativa daquele todo. Ele é apenas o elo de ligação entre o mundo, tal quel lhe foi ofertado, e a audiência também formada de cegos. No caso, acontece o *ruído* na comunicação, de maneira que, além de se tornar difícil, complexo, reconstruir as telas, com referências tão vagas, as partes não se conjuminam num todo coerente, prejudicando o sentido da mensagem final. O resultado é a imagem de um mundo caótico, no qual espaços, tempos, motivos diferentes entre si se apresentam, não para representar o real num todo harmônico, como acontece com cada tela em particular, mas para representar o real do modo como se apresenta ao olhar, no instante mesmo da percepção, e, depois, nos meandros confusos da

A *EKPHRASIS* NA MODERNIDADE

memória, como se os dados ainda não fossem ordenados de modo conveniente pela inteligência.

O fenômeno paródico, presente na tela relatada pelo cego, resulta da reunião de representações clássicas, observadas e fundidas numa tela imaginária. Essa colagem é similar à "técnica da apropriação", presente na arte moderna e assim explicada por Affonso Romano de Sant'Anna:

> A técnica da apropriação, modernamente, chegou à literatura através das artes plásticas. Principalmente pelas experiências dadaístas, a partir de 1916. Identifica-se com a *colagem*: a reunião de materiais diversos encontráveis no cotidiano para a confecção de um objeto artístico[49].

Somente que, ao contrário dos dadaístas, que faziam algo similar, mas reunindo materiais, as mais das vezes, desprezados pelos seus donos, em consequência, de pouco valor, o narrador, aqui no caso, utiliza-se apenas de material nobre, representações artísticas valiosas, as telas retiradas de um museu não nomeado e que sua precária memória descreve, destacando alguns poucos detalhes. Contudo, ele não atua, como é comum na *ekphrasis* clássica, sobre implícitos, para tentar destrinçar, por meio de sua sensibilidade e imaginação, significados ocultos que os pintores tivessem sugerido. Assim, cada tela representada é pobremente reconstruída, reduzida a elementos mínimos, por vezes secundários, nas telas de origem – o que está em pauta, em realidade, é o conjunto desarmonioso, na aparência, sem sentido. O sentido está em representar o não-sentido, como um retrato de um mundo em crise, em que as partes jamais se coadunam num todo harmonioso.

Além da paródia que resulta desse processo, Saramago utiliza-se da técnica de apropriação, mas a faz com quadros de pintores, as mais das vezes, famosos, cada um deles representativo de uma época nas artes plásticas, conseguindo assim uma mes-

---

49. Affonso Romano de Sant'Anna, *Paródia, Paráfrase & Cia*, 4ª ed., São Paulo, Ática, 1991, p. 43.

cla de estilos, uma característica própria do Modernismo. No museu caótico de uma só obra, que nasce da mente também caótica do narrador, a tela imaginária tem o valor de representar um ensejo dos artistas modernos, o de fazer a síntese da arte de todos os tempos:

> Auerbach tentou mostrar que a literatura contemporânea se caracterizaria por uma *mescla de estilos*. Isto seria uma forma de ir entrando no que outros chamam de *modernidade*. Ou seja, enquanto em outros períodos havia autoritariamente um estilo hegemônico, hoje democraticamente vários estilos convivem entre si[50].

Esse quadro imaginado por um cego, súmula de telas de várias épocas, é formalmente uma representação simbólica do procedimento estilístico do Modernismo. Nessa microestrutura, a colagem aleatória de telas de épocas e estilos diferentes, manifestando, de maneira sintomática, a última visão de um homem, representaria, como já o dissemos, o caos do mundo contemporâneo. Cada tela em particular organiza o universo de modo harmônico, coeso, mesmo quando representa o medo ou a guerra; já a tela imaginária, nascida da mente de um homem alienado, ao invés de ordenar o mundo, como os objetos artísticos costumam fazer, instaura, em sua aglomeração aleatória de motivos, o caos, que não passa de uma metáfora do mundo em que os pobres alienados estão imersos.

Ao cabo, a representação ecfrástica, neste exemplo dado por Saramago, resultante ou motivada por muitas telas, faz, como é comum nesse gênero de composição, que os signos não-verbais se transmudem em signos verbais. Mas a passagem de cenas estáticas, aprisionadas num espaço, para as cenas vivas, ativadas pelo processo ecfrástico, não acrescenta nada enquanto leitura dos motivos; pelo contrário, só acentua o processo de alienação em que vive o narrador. Após a visita a um museu imaginário, monta um museu só dele, composto de apenas uma tela, resul-

---

50. Affonso Romano de Sant'Anna, *op. cit.*, pp. 87-88.

A *EKPHRASIS* NA MODERNIDADE

tante da junção de fragmentos de telas que não se coadnuam entre si. Sendo assim, a *ekphrasis* aqui deve ser vista apenas como revisitação paródica de um gênero, no sentido de que Saramago reduz a sua pertinência, a sua eficácia. Ao imaginar uma personagem que, por não poder fazer uma leitura adequada das telas, devido à sua cegueira, apenas colhe detalhes irrelevantes dos objetos artísticos, o escritor cria um falso exegeta que acaba dando aos objetos das artes gráficas quase um grau zero de significância. A finalidade desta peça ecfrástica, ao contrário da *ekphrasis* clássica, de que Keats talvez seja o melhor modelo, não é o de que a literatura ecfrástica possa tornar "explícita a história que a arte gráfica conta somente por sugestão"[51]. Pelo contrário, ela só faz obscurecer, confundir, levando, com isso, os ouvintes da narrativa, entre eles os próprios leitores do romance, a um labirinto sem saída. O mundo que nasce dessa descrição multifacetada é similar aos caquinhos de cerâmica, muito diferentes entre si, de um piso – arrumados tão só por coordenação e justaposição e não por subordinação, resultam em partes sem um todo significativo.

51. James A. W. Heffernan, *op. cit.*, p. 301.

PARTE II

Albano Martins: Um Modo de Olhar e Dizer

1

O *Corpus* Ecfrástico de Albano Martins[1]

Albano Martins, ao lado da poesia, sempre alimentou uma grande paixão pela pintura e pela escultura, não como praticante dessas artes, mas como um admirador confesso delas[2], ao longo de sua extensa e profícua vida, dedicada à produção de uma obra poética de finíssima sensibilidade, à tradução de um conjunto de grandes poetas e a reflexões, de variada ordem, expressas numa prosa límpida e expressiva. Contudo, além dessa sua postura de contemplador de objetos das artes gráficas, Albano Martins foi se revelando ao longo dos tempos um hábil praticante da *ekphrasis*, por meio da qual,

---

1. Aldeia doTelhado, Concelho do Fundão, distrito de Castelo Branco, província da Beira Baixa, Portugal – 1930.
2. A esse propósito, na entrevista que comparece no final do livro, o poeta diz o seguinte a respeito deste assunto: "Não, nunca fiz estudos nessas áreas, nem, tão-pouco, ensaiei alguma vez a 'prática' da pintura ou da escultura. A palavra e os seus instrumentos sempre estiveram mais próximos de mim no diálogo comigo mesmo e com o universo".

ele não só confessa, este seu amor às artes plásticas, como também se aproveita para fazer falar as sugestões que as inúmeras pinturas e peças escultóricas contempladas lhe ofereceram. Se a poesia de Albano Martins, de forma geral, é essencialmente visual, graças à forte presença dos elementos naturais, descritos em sua beleza e em seu intenso cromatismo, esse visualismo ganha força maior, quando ele se põe a escrever poemas em que há o que se poderia chamar de "pintura e/ou escultura por palavras". Assim, em vez de manipular pincéis, tintas, cinzéis reais, apela para os imaginários, elaborando representações de algo que já constituem de si representações e praticando, desse modo, uma mimesis de segundo grau, ou, se se quiser, uma "mimesis da cultura", no dizer de Barbara Cassin.

Mas como seus poemas ecfrásticos concentram-se em alguns poucos livros, cremos que valeria a pena, numa primeira instância, precisar o *corpus* em que esse gênero poético pontifica.

Inconcretos Domínios[3] é seu primeiro livro de poesia em que há um bom conjunto de poemas que descrevem obras gráficas de natureza pictórica, a saber: "Para um Desenho de Júlio", "Aguarelas de Júlio", "Aureliano Lima 1, 2", "Avelino Rocha, 1, 2", "Luís Demée", "Caligrafias de Raul de Carvalho 1, 2", "Resende ou o Nascimento do Fogo". Um livro posterior, *Entre a Cicuta e o Mosto*[4], em sua primeira parte, aumenta ainda mais, o número de poemas ecfrásticos: "Numa Exposição de Francisco Naranjo", "Génesis ou os Painéis de Avelino Rocha no Colégio de Gaia", "Rosa de Guadalupe' de Manuel Ribeiro Pavia", "Armando Alves: Três Instantâneos para a sua Pintura", "Quatro Perguntas, Seguidas de um Epílogo, ao Escultor José Rodrigues", "Cruzeiro Seixas: Os Dedos Filtram a Sombra", "Três Leituras de (e) para António Fernando", "Para uma

---

3. Albano Martins, *Inconcretos Domínios*, Póvoa de Varzim, Edições Nova Renascença, 1980.
4. Albano Martins, *Entre a Cicuta e o Mosto*, Lisboa, Átrio, 1992.

Aguarela de Fayga Ostrower". Finalmente, *A Voz do Olhar*[5], ao contrário dos livros anteriores, que contemplam também poemas de outra espécie, é todo ele, sem exceção alguma, dedicado à prática da *ekphrasis*.

Devido a esse aspecto, vamos nos concentrar na análise deste último livro, composto de sessenta e um poemas. Comecemos por tratar de sua organização interna.

A Voz do Olhar é dividido em três partes, a saber:

1. O Rosto das Máscaras
2. Nos Jardins de Miró
3. As Imagens e as Legendas.

Nessas três partes, o poeta inspira-se nos mais diversos tipos de artes pictóricas: desenhos, pinturas, iluminuras, pinturas rupestres, murais, estátuas, pratos, vasos, *ostraka*[6], paletas, escudos, máscaras, feitos de materiais variados: papel, barro e/ou argila, rocha e metal. Também interessa dizer que os poemas ecfrásticos de Albano Martins contemplam peças das artes gráficas elaboradas em diferentes regiões da Terra, em diferentes épocas da História, de maneira que poderíamos organizá-las no seguinte quadro[7]:

5. Albano Martins, *A Voz do Olhar*, Porto, Edições Universidade Fernando Pessoa, 1998.
6. Plural de *ostrakon*, do grego, ὄστρακον, *ostrakon*, pedaço de cerâmica tirado de um vaso ou outro tipo qualquer de vasilha. Em arqueologia, os *ostraka* podem exibir palavras ou desenhos, que, de certo modo, ajudam a explicar melhor a época em que a peça foi usada. Mas a palavra também tem outro sentido: em Atenas, quando uma pessoa cometia algum delito, costumava-se escrever o seu nome num pedaço de pote e, depois, os votos então eram contados. Dependendo do resultado, a pessoa poderia ser condenada ou não. Daí vem o termo "ostracismo".
7. Dos sessenta e um poemas de *A Voz do Olhar*, apenas dois – "Mulher Fiando" e "Rapariga Entre Flores" –, que se inserem na parte do livro intitulada "As Imagens e as Legendas", não foram arrolados no quadro explicativo, porque, além de as imagens não comparecerem junto aos textos, o próprio poeta não se lembrava das obras plásticas e/ou escultóricas que lhe serviram de motivo deflagrador do processo criativo ecfrástico. Desse modo, não foi possível precisar a época em que tais telas e/ou esculturas foram produzidas.

PERÍODO	CIVILIZAÇÕES
1. Antiguidade	a) pré-histórica (2)
	b) suméria (1)
	c) egípcia (11)
	d) grega (6)
	e) romana (3)
	f) mexicana (3)
	g) indiana (1)
2. Renascimento/Barroco	Europa Ocidental:
	Itália (2)
	Espanha (1)
	Holanda (1)
3. Século XIX	Europa Ocidental:
	França (3)
	Áustria (2)
	Espanha (1)
4. Modernidade	Europa Ocidental:
	Espanha (12)
	França (2)
	Rússia (2)
	Portugal (6)

Pelo exame das peças de arte gráficas e dos poemas presentes no livro, não é possível dizer que há uma intenção deliberada por parte do poeta de privilegiar determinadas obras em detrimento de outras (com exceção das de Miró, de que falaremos mais abaixo). Acreditamos que, a princípio, Albano Martins partiu apenas de seu refinado gosto artístico, adotando uma escolha muito pessoal. Assim, se explica a presença de muitas obras pictóricas e escultóricas da Antiguidade, mas quase que só se restringindo às egípcias, gregas e romanas (num total de vinte e sete). Mas, do mundo antigo, não há poemas tratando de obras de arte etrusca, africana, chinesa, japonesa etc., só para dar exemplos de algumas ausências. Também há poucas obras do Renascimento/Barroco e do século XIX (apenas nove ao todo). Por outro lado, há grande concentração de telas modernistas, mormente a de pintores de sua nacionalidade, a portuguesa, e a de um pintor que, a nosso ver, pela quantidade de poemas a ele dedicada, lhe seria muito dileto, que é Miró, a quem consagra onze poemas do total de sessenta e um de todo o livro. Aliás, o próprio poeta revela na entrevista no final do livro o porquê desse destaque dado ao pintor catalão:

> Mantive com a pintura de Miró uma relação conflituosa ou, pelo menos, de desconfiança até ao momento em que, na década de 90 do século passado, em Madrid, no Museu Reina Sofía, vi uma vasta exposição sua denominada "As Constelações". Foi o deslumbramento. Por outras palavras: fiquei completamente rendido. Escrevi então a série de poemas que constituem a secção de *A Voz do Olhar* intitulada "Nos Jardins de Miró", já traduzida para castelhano pelo meu Amigo e Professor Perfecto Cuadrado e publicada no volume *Homenatge de les Lletres* (Promomallorca Edicions, Palma, 2008, pp. 35-59). Tornando-se inviável, na altura, editorialmente falando, a publicação, em volume, dos onze poemas, pareceu-me que não seria descabido integrá-los em *A Voz do Olhar*, formando com eles um capítulo à parte. Essa a verdadeira história dum amor que, sendo talvez serôdio, mantém intacto, todavia, todo o fervor de então. Acrescentaria apenas isto: que o halo nocturno – ia a dizer, onírico – que envolve as telas de Miró quis eu que também estivesse presente nos meus poemas. Se o consegui ou não, outros o dirão.

De maneira geral, conclui-se que o olhar apreciativo do poeta para as artes gráficas atua em dois extremos históricos: a Antiguidade e a Modernidade, mas os procedimentos de caráter ecfrástico, em ambos os períodos, é sempre o mesmo. A tela, mural, *ostrakon* etc., ou a peça escultórica motivadora desencadeia, por seus implícitos, uma série de sensações que farão nascer o poema que, de certa maneira, "fantasia", "delira" sobre o motivo deflagrador, o que impede que a *ekphrasis*, produzida por Albano Martins, seja considerada apenas uma simples descrição, uma grosseira mimesis da pintura ou da escultura original. Pelo contrário: o poeta, após contemplar as pinturas e peças escultóricas, lê-lhe os implícitos por meio de sua atitude imaginativa, dando aos objetos de artes plásticas um caráter narrativo. Mas, frise-se bem: a narração aqui não deve ser entendida como um comportamento prosaico por parte do sujeito poético. Na verdade, o narrativo se refere à *movimentação* dada a figuras, para fazê-las viver e atuar, além dos limites das obras de arte gráficas, graças à utilização dos signos verbais, prenhes de significado, que vêm substituir os signos não-verbais que, por sua própria configuração, são vazios de significado.

2

O Sentido de um Título e de Dois Subtítulos

O título desta coletânea – *A Voz do Olhar* –, formada em sua totalidade apenas por textos ecfrásticos, é de caráter sinestésico: ao olhar, sensação visual, dá-se a prerrogativa da fala, sensação auditiva. Sendo assim, ele constitui como que uma síntese do livro, explica-o, de maneira sintética e metafórica. Albano Martins, compondo representações verbais, baseadas em representações de outra espécie – pinturas ou esculturas –, procura fazer falar aquilo que não tem fala, ou seja, os textos não-verbais. Percebe-se aí, numa relação com a realidade, um duplo movimento: *a*) o da percepção do real, captado pela luminosidade do olhar, que registrará na retina e, por extensão, na memória, imagens visuais; *b*) o da expressão, não do real, mas da representação do real, através dos signos verbais, que, além de mimetizarem as imagens visuais, ativam os implícitos, que os signos não-verbais têm o poder de insinuar, mas não de desenvolver, porque "As tintas são letras / que não têm voz", como diz o próprio poeta em

"Tela"[1]. A voz deste livro falante será, por fim, ouvida pelo leitor que, com sua leitura, ativará os poemas que, por sua vez, despertarão, nele, reminiscências de pinturas e peças esculptóricas. Mas, neste ponto, uma questão importante se coloca: será que os poemas bastam por si mesmos, dispensando o cotejo com as peças de artes gráficas que lhes serviram de suporte? O poeta tem uma resposta, no mínimo dúbia, quanto ao assunto, numa das notas que comparecem ao final do livro:

Os textos que integram o presente volume têm a sua motivação imediata no *encontro* (visitação, revisitação, cumplicidade) do autor com alguns objectos estéticos. Embora não se tenha como estritamente indispensável, para a *leitura* dos mesmos textos, o conhecimento directo daqueles, mas não desprezando, também, a hipótese de tal conhecimento favorecer a sua compreensão – a nível imediato, que não da *verdade* poética subjacente –, os poemas são, na sua maioria, acompanhados da reprodução dos objectos que lhes servem de suporte[2].

O que se depreende do depoimento do poeta é que alguns poemas podem ser lidos e compreendidos sem que haja o necessário cotejo com a peça de arte gráfica que lhe serviu de motivo, enquanto outros, embora tenham total independência, talvez seriam melhor esclarecidos com o cotejo entre o texto verbal e o não-verbal. É importante que se diga que a *presença* das peças pictóricas e esculptóricas, a anteceder cada poema, na primeira e única edição de *A Voz do Olhar*, levou-nos, particularmente, a sempre cotejar um com o outro. E, nos casos, em que não havia a reprodução das telas e esculturas, por parte do poeta, devido a um motivo autoral, sentimos como que a necessidade do cotejo. Mas esta é apenas numa impressão bem subjetiva e pessoal, o que nos faz pensar que outras leituras poderão levantar outros modos de ver e entender tal relação. Num caso extremo

---

1. Albano Martins, "Tela", *Escrito a Vermelho, Assim São as Algas* (*Poesia 1950--2000*), Porto, Campo das Letras, 2000, p. 404.
2. *A Voz do Olhar*, p. 221.

até, quem sabe, um leitor hipotético dispensasse as imagens e se concentrasse tão só na leitura dos poemas, que constituiriam um universo à parte, conforme disse Albano Martins.

Quanto aos subtítulos, são três, nomeando as partes do livro, o primeiro e o último – "O Rosto das Máscaras" e "As Imagens e as Legendas" – embora diferentes entre si, convergindo para um sentido idêntico, enquanto que o segundo – "Nos Jardins de Miró" – guardando um sentido à parte dos outros dois. Explique-mo-nos: o sentido dos títulos das duas primeiras partes refere-se a um processo de desvelamento. Num caso, os poemas ecfrásticos servirão para *revelar* a face que há por detrás de uma máscara. A máscara, no caso, seria tanto uma pintura quanto uma escultura, de que o poeta deslindaria um enigma, decifrando índices explícitos ou não. No outro caso, há que se esclarecer o que são "legendas", um termo que possui vários significados, entre os quais nos interessa um mais específico. Segundo o dicionário Aulete, "legenda" origina-se "do latim *legenda*, substantivo feminino, de *legendus, a, um,* 'o que deve ser lido'", chegando ao nosso idioma, de modo possível, pelo francês *légende*. Em português é "um pequeno texto que explica, comenta ou intitula uma imagem ilustrativa em uma publicação"[3]. O que se depreende disso, baseando-nos nesse sentido, é que os poemas de Albano Martins servirão de *legendas* para as imagens, explicarão as imagens, dando-lhes uma dimensão maior do que já têm, enquanto representação não-verbal. É o que Heffernan dá entender, quando trata do poema de Keats, "Ode on a Greek Urn":

A busca pela legenda não só mostra o impulso narrativo afirmando-se desde o início deste poema ecfrástico; ela também significa a necessidade de dar voz à urna, porque a palavra *legend* originalmente significava "para ser lido", e quando uma inscrição sepulcral era lida em voz alta por um viajante, o objeto em que havia a inscrição falava[4].

---

3. *Dicionário Caudas Aulete*. Disponível em: < http://aulete.uol.com.br/sitephp?mdl =aulete_digital&op=loadVerbete&pesquisa=1&palavra=legenda>.

4. James A. W. Heffernan, *op. cit.*, p. 305.

O procedimento do poeta nesta última parte do livro é similar ao do viajante que lia inscrições tumulares, dando voz aos mortos, como neste exemplo: "eu sou o túmulo do famoso Glauca"[5]; somente que, no caso de *A Voz do Olhar*, as legendas/poemas dariam voz aos implícitos deixados pelos artistas plásticos.

Mas, se se pensar nas legendas propriamente ditas, aquelas que comparecem, de fato, como inscrição nos objetos de arte gráfica, nota-se que, na maioria dos casos, a voz poética ecfrástica nasce para reafirmar ou ampliar o sentido das legendas. Em outros casos, contudo, ela visa a desmentir o que diz a legenda, criando outra e paradoxal realidade, como acontece no poema "Cena Pintada num Vaso Grego do Período Micénico":

O que esta garça
procura
nas escamas
do boi é apenas,
diz a legenda,
os parasitas. Mas estes
não se vestem
de escamas nem usam
esporas nos pés. Têm asas
como os abutres
e cornos
como os touros[6].

O poema possui doze versos, que se dividem em dois grupos de seis, a partir da adversativa "mas". O primeiro grupo trata do que a legenda diz, o segundo, do que o sujeito observa, tirando uma interpretação bem pessoal do que vê. Assim, confrontam-se duas leituras: uma que reproduz a representação primeira e mimética do real, o vaso, contendo as figuras de um boi, uma garça e possíveis parasitas, outra que interfere nessa represen-

---

5. *Idem, ibidem.*
6. Albano Martins, *A Voz do Olhar*, p. 161.

O SENTIDO DE UM TÍTULO E DE DOIS SUBTÍTULOS   115

tação. O dístico da legenda, na realidade, legenda imaginária[7], revela o sentido mais direto, objetivo das figuras representadas no vaso: uma garça catando parasitas entre as metafóricas escamas de um boi. Contudo, o processo imaginativo, que resultará na elaboração da *ekphrasis*, levará a um desmentido da legenda, quando da interferência da conjunção adversativa "mas", provocando uma ruptura no poema, com a intromissão de uma interpretação dos signos não-verbais presentes no vaso. Afinal, que parasitas são esses que possuem escamas e esporas nos pés? Os verdadeiros parasitas, no delírio do poeta, são aproximados dos "abutres" e dos "bois". No primeiro caso, devido não só às asas, mas também devido à implícita sugestão de que o inseto e a ave vivem de maneira parasitária; no segundo caso, pelo fato de ambos os animais serem providos, em evidente exagero poético, de "cornos". Nessa comparação, de certo modo hiperbólica, porquanto o poeta aproxima o que é minúsculo e quase invisível do que é grande, acentua-se o processo imaginativo, que deforma a representação pictórica do vaso, ou melhor, desvia a atenção do que seria o enfoque principal dado pelo pintor: uma garça bicando o dorso de um boi à procura de parasitas. A leitura da legenda dá-se então de viés, ao contrário, o que faz que poderíamos pensar de uma subversão ecfrástica, promovida pelo poeta, num objeto de arte gráfica.

Um comportamento idêntico do sujeito poético verifica-se no poema "Inscrição Encontrada num Vaso Grego do Século V a.C."[8]:

Não foi
a beleza
que tivemos
por momentos

---

7. Falamos em "legenda imaginária", porque, ao observar a imagem do vaso presente no livro, notamos que não há inscrição alguma nele.

8. Em conversa reservada com o poeta, viemos a saber que o vaso em questão não tem existência real, pois foi produto de sua imaginação, o que não altera em nada a visão crítica que se tem da questão da *ekphrasis*.

nas mãos. Afrodite
foi só
o relâmpago
aceso
durante a noite
que dura ainda[9].

A referência à beleza, um valor absoluto, talvez estivesse presente na legenda ou na suposta legenda e, de maneira sinestésica, torna-se assim palpável ao observador que acaba por ter a graça de experimentar o seu favor. Todavia, a partir do ponto final, no quinto verso, com a introdução da imagem de Afrodite, não por acaso, a deusa da beleza e do amor, a coisa muda de figura. A partícula adverbial "só", sugerindo exclusão e um limite, reduz o alcance da beleza, que se torna apenas um "relâmpago", ou seja, um brilho fugidio, que ilumina a noite, por um instante, para depois desaparecer. Daí que, em oposição à luminosidade, à imagem da vida, venha se impor a da noite eterna, numa alusão ao fim dos tempos apolíneos do paganismo. A beleza absoluta permanecerá na mente dos homens apenas como um breve clarão, como um vago índice que remete a um tempo imemorial. A *ekphrasis* escrita a partir de um vaso imaginário está, pois, a serviço de um processo de desconstrução de uma fictícia legenda.

9. *A Voz do Olhar*, p. 163.

3

A Ativação de Implícitos

Em *Escrito a Vermelho,* livro posterior a *A Voz do Olhar,* há um significativo poema de caráter ecfrástico, que dá pistas sobre o que o poeta pensa a respeito da pintura, e que poderá, por isso mesmo, servir de abertura para as reflexões que seguem. É "Tela", que reproduzimos abaixo:

> Alguns pincéis fizeram
> do muro uma tela. O que ali
> se lê não é
> o que ali se expõe, o que ali
> se escreve. As tintas são letras
> que não têm voz[1].

A começar que há a sugestão nos primeiros versos de que um objeto não artístico torna-se artístico quando se lhe muda

---

1. Albano Martins, "Tela", *Escrito a Vermelho, Assim São as Algas (Poesia 1950--2000)*, p. 404.

a função, ou seja, quando se lhe retira o aspecto utilitário. É o caso do "muro", que, construído de pedra ou alvenaria, numa primeira instância, serve apenas para separar, dividir espaços ou para isolar, proteger ou defender. Contudo, tocado pelos pincéis e recebendo a tinta em sua superfície, numa segunda instância, transforma-se numa outra coisa, um objeto de arte – um mural. Nele, o artista registra impressões, sensações, emoções, por meio de pontos, linhas, cores, a compor formas ou a decompô--las. Todavia, conforme o sujeito, o que se expõe sobre o muro não é o que se lê, pelo fato de que os signos da pintura são vazios de significado, já que "As tintas são letras / que não têm voz". A palavra da fala é que deflagrará significados que o pintor deixou apenas implícitos. A "voz" aponta, portanto, para duas dimen- sões: uma a do espectador comum da tela, que fará com que a tela fale, interpretando-a, a outra, a do espectador privilegiado, o poeta que poderá, a seu alvedrio, compor, durante ou após a contemplação, uma peça ecfrástica. As "tintas", nesse caso, ga- nham uma dimensão sinestésica, porquanto, nessa transmuta- ção alquímica, terão o dom sonoro de se expressar além do que vem exposto sobre um simples muro.

A leitura do poema "Tela" e as reflexões por ele suscitadas nos levam, numa primeira instância, a examinar alguns poemas de *A Voz do Olhar*, em que questões de caráter metalinguístico saltam logo à vista. Ou seja: esses textos, a serem estudados, a princípio, têm como objetivo principal tratar do código poético em si. Comecemos pelo poema *A Canção das Vogais*, cujo mo- tivo deflagrador da *ekphrasis* nasce da tela do mesmo nome de Juan Miró, pintada em 1967:

Algumas são redondas, outras
têm a forma consolidada
dos cilindros. Umas
são óvulos
de luz e de outras
apetece dizer
que são pequenos sais

de que o pó das estrelas
se alimenta. Do amarelo
ao roxo, do branco
ao verde e ao vermelho, elas são
a múltipla paleta
do arco-íris. A paleta
da fala, quando a voz
já não tolera
as consoantes do silêncio[2].

Num primeiro momento, o olhar do poeta é atraído pelas formas geométricas – unidimensional do círculo ("redondas") e a tridimensional do cilindro – que caracterizam sinestesicamente as vogais. Num segundo momento, o uso contínuo do símile, que se presta à elaboração do tecido metafórico, serve para que o olhar do sujeito se destaque da tela em si, se introjete e, por meio da imaginação, promova o vôo interpretativo. As vogais transformam-se em "óvulos / de luz", que darão ensejo a um processo de procriação contínua de imagens. Para acentuar esse processo de "deformação" poética, o poeta utiliza-se do verbo "apetece", no sentido de que as visões metafóricas que nascem da contemplação da tela nascem apenas de um prazer, da subjetividade, de um gosto bem pessoal – em consequência, a distância da representação ecfrástica em relação à pictórica aumenta de modo considerável, pois as vogais transmudam-se em "pequenos sais", que, por sua vez, servirão para alimentar o "pó das estrelas". O poeta, por meio da utilização sistemática do símile, promove a final identidade entre o sujeito, as vogais, e os predicativos que lhes serão atribuídos, criando uma nova realidade, ao fundir objetos de diferentes categorias. Esse procedimento é essencialmente poético – conforme bem observa Octavio Paz, "o poema não só proclama a coexistência dinâmica e necessária de seus contrários como sua identidade final"[3].

2. *Idem*, p. 151.
3. Octavio Paz, *O Arco e a Lira*, Rio de Janeiro, Nova Fronteira, 1982, p. 123.

É o que acontece no poema, ao longo de seu desenvolvimento, em que se dá o "reconhecimento" metafórico das vogais. A começar da forma geométrica pura, chegando à luminosidade, que, por sua vez, provoca, por analogia, por correspondência, a lembrança das estrelas. O que é puramente sonoro, ganha aspecto visual, que se acentuará no instante em que o poeta falar das cores das vogais de que trataremos adiante. Antes, é preciso lembrar que esse trabalho de caráter sinestésico, referendado e reforçado pelo sujeito poético, já fora iniciado pelo pintor: em sua tela, as vogais ganham formas e cores. Mas há um detalhe importante: apenas sabemos que as formas, linhas, pontos e cores da tela de Miró são vogais, devido à legenda de caráter poético com que ele nomeia sua tela. Sem o título, formado de palavras, é claro, o espectador não poderia saber que as formas e cores colocadas sobre a superfície do quadro seriam vogais. Pode-se dizer que a legenda serve de guia para o espectador e, no caso em pauta, de um espectador especial, o poeta, que dará voz à tela, traduzindo significados múltiplos que vão bem além do objeto artístico contemplado. Ao explorar ao máximo as sugestões emanadas da tela, ele a potencializa, a ponto de transformá-la numa outra coisa bem diversa, nessa passagem dos signos não-verbais para os verbais.

Quanto às cores em si, atribuídas às vogais, elas são quase todas primárias, à exceção do roxo, que resulta da mistura do vermelho e do azul, esta última ausente, enquanto nomeação, mas presente, enquanto elemento de composição de uma cor secundária. Não seria demais lembrar aqui o soneto "Voyelles", que tem por *incipit*: "A noir, E blanc, I rouge, U vert, O bleu: voyelles"[4], em que Rimbaud acaba por criar uma linguagem nova, baseada na colorização arbitrária das vogais. Apesar de as cores utilizadas por Albano Martins e o poeta francês diferirem um pouco – a presença do roxo e do amarelo, num, e a do negro e do azul, noutro – e de Rim-

---

4. Arthur Rimbaud, *Oeuvres Poétiques*, Paris, Garnier-Flammarion, 1964, p. 75.

baud nomear às claras cada vogal, percebe-se que o princípio poético é o mesmo: fazer que as cinco vogais do sistema fonológico ganhem colorações, a ponto de elas comporem "a múltipla paleta / do arco-íris". Mas a própria paleta, reunindo as cores, transmuda-se também, de modo metafórico, na "paleta da fala", no fechamento do poema. Nesse ponto, uma questão fonológica se nos impõe, quando da relação entre vogais e consoantes. Sabe-se que os sons vocálicos existem para dar abertura, existência às consoantes. Sem esses sons, as consoantes não poderiam ser pronunciadas, elas ficariam apenas na intenção, mas sem produzir emissão sonora alguma. Daí que os sons vocálicos sejam entendidos como a "paleta da fala", enunciada para romper o silêncio. Inclusive, o verbo "tolerar" sugere urgência por parte de voz, já que o ato de falar serve para dar nome às coisas e, por consequência, fazer que o homem imprima seu selo no mundo. Mas uma reflexão final ainda se coloca: a tela, sem a legenda, que é formada de palavras e, portanto, se constitui num corpo estranho à pintura em si, numa metáfora alusiva, seria vista como uma consoante, em oposição às vogais representadas pelos cinco grafemas, representando a voz do sujeito poético, ao compor a *ekphrasis*, que romperá a barreira do silêncio.

No poema *"O Beijo, de Gustav Klimt"*, inspirado na tela homônima (1907) do austríaco, encontraremos elementos que nos propiciem tratar, de maneira mais incisiva, da questão dos significantes vazios da pintura:

O beijo é só uma palavra
escolhida
ao acaso. O que as tintas
encobrem e descobrem
e os pincéis revelam,
mas não nomeiam,
é a ordem
que se pressente
em todas

as nebulosas. Que sempre
a ordem precede
a desordem[5].

A palavra "beijo" constitui o título da tela, atribuído pelo pintor, contudo, de acordo com o poeta, ela foi "escolhida / ao acaso". Mas, no desenvolvimento do poema, em vez de justificar este seu juízo inicial, ele dá início a um processo de desvelamento daquilo que o quadro oferece a mais do que o simples ato de beijar. Como costuma acontecer com as legendas que acompanham os objetos das artes gráficas, estas, por sua limitação, nomeiam apenas um aspecto ou alguns poucos aspectos do objeto artístico. Devido à especificidade da pintura e/ou da escultura – o fato de elas serem compostas por linhas, cores e formas[6] –, há sugestões na tela e/ou na peça escultórica de que as simples palavras do título não conseguem traduzir o sentido em sua maior extensão. Daí que o pintor mostre tão só o aparente, mas sem nomear o que deveria ser nomeado, porque é pintor, lidando, de maneira primordial, apenas com formas, cores, e o que *não nomeia* é o que, do ponto de vista do poeta, há de mais importante na tela, além daquilo que só se vê. Por conseguinte, é o olhar do poeta que vai devassar os sentidos ocultos, no caso, uma reflexão poética sobre a ordem e a desordem, ou, se se quiser, sobre o fenômeno entrópico.

A entropia é entendida por Fritjof Capra, em *O Ponto de Mutação*, como "medida de desordem"[7]. Em Física, a 2ª Lei da Termodinâmica, ao tratar da questão da perda de energia, estipula que, num determinado sistema, quando a quantidade de energia útil diminui, ela se dissipa em calor, fricção. A energia não pode ser completamente recuperada, o que provoca a caminhada da "ordem para a desordem". Nesse senti-

---

5. Albano Martins, *A Voz do Olhar*, p. 187.
6. Em alguns casos, também palavras comparecem numa tela, como é o caso, por exemplo, das telas perpetradas por alguns cubistas, mas, nesse caso, elas se comportam como objetos entre outros objetos.
7. Fritjof Capra, *O Ponto de Mutação*, 7. ed., São Paulo, Cultrix, 1988, p. 68.

do, conclui-se, de acordo com a 2ª Lei da Termodinâmica, que qualquer sistema físico isolado avançará de maneira espontânea na direção de uma desordem sempre crescente. No poema, a ordem é pressentida "em todas / as nebulosas", que, de acordo com a astronomia, referem-se a uma espécie de nuvem, formada por matéria interestelar, gás e poeira em suspensão, cujos elementos convivem de modo harmônico e mantêm-se em perfeito equilíbrio, graças a determinadas leis físicas que o poeta desconhece. Daí ele ter utilizado o verbo "pressentir", que implica não uma certeza científica, mas uma certeza dada pela intuição, pelo imaginar poético. Isso porque a nebulosa, devido à sua constituição, também se oferece, em seu sentido figurado, como algo confuso, difícil de se desvendar e entender e cuja organização interna só possa ser pressentida. Algo similar acontece com o amor, que é metaforizado pela nebulosa: é entendido como uma massa cheia de energia, ou seja, compreende a integração plena dos amantes, que se completam. E, sendo assim, voltando-se ao princípio do poema, percebe-se que, nele, o beijo da legenda não passa de uma de suas manifestações mínimas, superficiais, um detalhe, afinal. Análogo à nebulosa, o amor tem uma regra, indeclinável, como diz o poeta, que é de "ouro", e que, por ser feita desse material nobre, "não admite / excepções" – é "ordem" que "precede / a desordem". Ou seja, a prática amorosa ordena o caos, dá sentido pleno à existência, fazendo que ela atinja a sua plenitude, antes que possa se esgotar dissipando energia, como acontece no fenômeno entrópico.

Incapazes de nomearem, as tintas e os pincéis, mais uma vez, necessitam do auxílio da voz do poeta, em seu poema ecfrástico, para que possam falar e trazer para a luz o que se oculta ou que seria possível vislumbrar pelo imaginário, sob as formas, linhas e cores: a revelação de que o amor dá ordem ao caos, que esse sentimento implica unidade e um modo de o ser atingir a perfeição. Em Platão, por exemplo, o amor é uma realidade essencial, de que o amante se supre, ao buscar na amada, a sua contraparte, para que, juntos, venham a integrar a totalidade,

experimentar o gozo do Absoluto. Ao encontrar "a parte dese-
jada", como diria Camões, o amante pode em si mesmo descan-
sar, pois elimina a falta, a ausência e torna-se um ser pleno. O
mesmo acontece com a amada – dialeticamente, o sentimento
é recíproco, sendo que ela, nessa busca de integração com o ou-
tro, elimina a alteridade, de maneira que ambos formem um
só, atingindo-se assim uma totalidade. Aliás, a contemplação da
tela de Klimt mostra-nos isso: o pintor austríaco, por meio das
linhas, cores e formas exuberantes, como que funde o corpo dos
amantes, a ponto de ser quase impossível distinguir o que per-
tence a um ou o que pertence ao outro. Daí que o amor seja algo
essencial, seja ordem, ao contrário da desordem, que levaria à
perda de energia e, por conseguinte, ao caos e à morte.

Já no poema "Bisonte"[8], a leitura ecfrástica de uma pintu-
ra rupestre vai bem além do que pode oferecer o frágil esboço
gravado no muro de uma caverna, graças ainda à imaginação
"sem fios" do poeta. A pintura no fundo de uma caverna torna-
-se uma representação da História, na medida em que o animal
desenhado é um registro, ainda que frágil, de uma determina-
da fase da humanidade. Quem desenhou ali uma figura, mesmo
que de modo inconsciente, desejava marcar sua passagem, fa-
zendo com que isso, independente de sua vontade, determinasse
uma era. Mas, pelo desenho se resumir apenas a "um animal / bi-
céfalo", "sem data / e sem contornos", ele repousa por séculos em
sua platitude. A *ekphrasis* torna-se necessária, para que as frágeis
linhas e o pobre cromatismo possam oferecer mais do que ofere-
cem à visão de um espectador. Daí vem que a atitude do bisonte,
preso à rocha, de olhos baixos, leve o poeta, em seu extravagante
devaneio, a recordar-se de figuras mitológicas como Andrômeda
e Medusa. A primeira, segundo ele, nasce dos cascos do animal,
ou melhor ainda, da sua *contemplação* dos cascos do animal. E
por que os cascos? Pela aproximação com os "alvos coturnos" da
deusa, entrevistos em alguma lenda e/ou objeto artístico. Mas é
importante que se frise que o poeta se utiliza de uma forma ver-

8. Albano Martins, *A Voz do Olhar*, p. 15.

bal que sugere uma possibilidade: aristotelicamente, ele não se refere a algo que é, mas, sim, em sua ficção, por meio da construção verbal "terá sido", a algo que poderia ser, ou seja, que é produto de sua imaginação delirante. Já Medusa, nasce, também de modo hipotético, dos cornos do animal que, em seu imaginário, se assemelhariam às serpentes "no cio", compondo a coma viva da entidade mitológica. Além do mais, o bisonte identificar-se-á à Andrômeda, porque ambos foram "acorrentados" a rochedos, "medindo de olhos baixos / o tempo subterrâneo / e transmarino". Esse tempo é o tempo sem tempo, *ab origine*, circular, próprio das lendas, legendas e mitos – por isso mesmo, eterno. Quanto à Medusa, como só lhe "resta / o sonâmbulo perfil / desenhado pela lenda", ela acaba se identificando com o animal que resultou de um desenho não datado e "sem contornos".

Em "Colossos de Mémnon", o poeta tratará do vazio, ou seja, os signos verbais, que carregam significados, irão representar o seu oposto, a falta de significados, entrevistos nas passivas e gigantescas estátuas de pedra repousando no deserto:

Pilares dum templo
de deuses evadidos
ao crepúsculo, olham
sentados
o vazio. Se há
um presente, ignoram-no. E ignoram
o passado. Porque a ausência
é o avesso da memória e deles
não há por isso
testemunho. São páginas
dum livro a que arrancaram
algumas folhas, ou antes, páginas
dum livro branco. E a brancura
não se escreve.
Não tem nome[9].

9. *Idem*, p. 27.

Ausências são o que se oferece, de modo figurativo, no todo do poema. A começar que as figuras, servindo, subservientes, de pilares, sustentam um templo, cujos deuses se evadiram ao "crepúsculo", ou seja, num momento intervalar em que o dia cede lugar à noite, um símbolo do nada. A posição deles, em repouso, leva à negação de movimento e de ação, que se restringe à passividade do olhar, a receber tão só imagens nulas do "vazio". É isso que faz que não se insiram na temporalidade, pois nada sabem do "presente" e do "passado", tornando-os seres ignotos de que não houve "testemunho". A falta de enigma ou da sugestão de um mistério permite ao poeta aproximá-los, por meio de um símile, das "páginas / dum livro a que arrancaram / algumas folhas" ou mesmo das "páginas / dum livro branco". A "brancura", ausência de todas as cores, é a representação mais perfeita do nada absoluto, da negatividade suspensa, fora do tempo, ainda mais por comparecer num livro que se supõe existir para registrar textos, palavras. Em consequência, ela "não se escreve" e não pode ser nomeada. As figuras de pedra são apenas "colossos", formas gigantescas, a representar o que é interdito, não por um mistério indevassável, mas pelo fato de as pedras esculpidas por um artista anônimo e abandonadas pelos deuses, que se evadiram, terem perdido toda significância possível. Ao cabo, os colossos assemelham-se ao "rosto / duvidoso e incorpóreo / dos enigmas sem data", da máscara funerária de Tutancâmon, contemplada num outro poema[10] do autor.

Nessa linha de ativação de implícitos chama a atenção na poesia ecfrástica de Albano Martins um processo de transformação alquímica, no qual, os signos não-verbais da pintura, no caso mais específico, as cores, transformam-se, pela sinestesia, em som. Esta é uma constante em toda sua poesia e, em *A Voz do Olhar*, destacamos dois poemas em que isso se oferece de maneira mais cristalina: "O Cavalo Cor-de-rosa" e "Serpentes de Água". No primeiro, esse processo de expansão sensorial é bem visível na imagem de dois animais solares:

10. *Idem*, p. 31.

Relincha, e das narinas
sai o azul
em que se banha. Na garupa,
um galo
de crista
rosada
encrespa a voz
e prepara
as tintas
da madrugada. São estas
as cores
do cavalo. Que,
para voar,
não precisa de outras asas[11].

A cor azul nasce do relinchar do cavalo e, logo após o efeito sinestésico, materializa-se num líquido em que o animal "se banha", como se isso constituísse um ritual de purificação, a preparar um novo dia, anunciado mais adiante pelo galo, cuja cor da crista – "rosada" – "prepara / as tintas / da madrugada". Os animais promovem o nascimento da cor, da vida, por meio do canto, mas não só isso: vivem uma instância intervalar entre a noite e dia, que serve para sugerir um processo de transformação. Como em todo texto de caráter ecfrástico, o poeta imprime um propositado movimento às figuras, para libertá-las da prisão espacial da arte gráfica e inseri-las na linha do tempo, por meio do verbo no presente do indicativo, em que o animal "relincha" e a ave prepara o canto. O encrespar da voz da ave significa que ela passa a ter modulações, equivalentes, no plano sinestésico, ao do arranjo das cores numa paleta. A voz desses animais impetuosos instaura a realidade ou ainda a passagem do caos para a ordem: à noite e suas sombras, seguem o dia e suas cores. E com o nascimento de tais cores, o cavalo pode voar, sem que precise de asas reais ("outras asas"), pois as das cores sonoras já

11. *Idem*, p. 43.

lhe bastam. Simbolicamente, ao se colorir o mundo com o canto, anuncia-se um novo dia, ou mesmo, dá-se início ao cosmo, depois do caos inicial indiciado pela escuridão.

Algo equivalente se percebe em "*Serpentes de Água*, de Gustav Klimt" inspirado em uma tela, de 1907:

Também as cores
amanhecem, também elas
acordam com os galos
da madrugada e cantam
a explosão do sol. Algumas
são água pura. A outras
o pincel conferiu-lhes
o rubor que se esconde
na nervura
de certas folhas. Outras,
ainda, festejam
o nascimento
da alegria. Ou do amor,
tanto faz. Ou não fosse ele
uma festa. Podem
chamar-lhe Judith,
Salomé: apenas dizem
os outros nomes
da serpente[12].

Em vez de partir do motivo central do quadro, as serpentes e as figuras femininas representadas, o poeta começa por descrever, de maneira sinestésica, as cores em si, como se seu olhar fosse, numa primeira instância, atraído pelo intenso cromatismo da superfície pintada, que lhe provoca um conjunto de sensações de outra ordem. Verifica-se aqui um procedimento similar àquele utilizado pelos simbolistas: uma sensação de um tipo prolonga-se numa sensação de um tipo diferente, para que

12. *Idem*, p. 183.

a emoção seja contínua. A imagem do galo, presente no poema anterior, repete-se aqui, e seu canto está ligado, pela sinestesia, à eclosão das cores, da madrugada e da "explosão do sol". Ao iniciar o poema pela sensação visual, impregnando-se o olhar de cores, o poeta como que dá início ao gênesis, pois é, a partir dessa evocação, que começa a se instaurar a realidade. Após o aparecimento da força ígnea, surge a imagem da água, suscitada pelo símile, em que a cor se transmuda no líquido. Ainda nesse processo sinestésico, provocado pela ação metonímica do "pincel", o poeta confere à cor o "rubor" que, se, de um lado, refere-se sensorialmente à cor rubra, por outro lado, torna-se um índice de pudicícia, manifestação abstrata de valor moral. Daí advém o fato de a tonalidade esconder-se "na nervura / de certas folhas", ao contrário da explosão da sensualidade, que se expõe nas figuras de mulheres fatais, no final do poema.

Ainda outras sensações abstratas oferecem-se na sequência, a "da alegria" e "do amor", este último celebrado em seu pleno sentido dionisíaco, como o prazer em si, que remeterá a duas mulheres legendárias e/ou míticas, emblemas mesmo da sensualidade ou, da perspectiva religiosa, do pecado – Judith e Salomé. O poema fecha com a referência a mais um dos termos da legenda da tela, a palavra "serpente", animal insidioso, as mais das vezes, representação do mal, mas, no caso do texto, entendido como símbolo do feminino em sua representação apenas sensual. Em suma: a *ekphrasis* ilustra um processo em que as cores, transmudando-se de maneira contínua, vêm a celebrar o que é essencial na tela: a afirmação da vida em sua plenitude, representada pela sensualidade presente nas serpentes reais e na imagem das bíblicas mulheres fatais – Judith ou Salomé –, cujos corpos entrelaçados e sinuosos lembram em tudo o desses répteis.

4

A Afirmação de Eros

O que se mostra no final do poema "*Serpentes de Água*, de Gustav Klimt", o canto do erotismo, suscitado pelo intenso cromatismo, é uma das forças motrizes de toda a poética de Albano Martins. Em *A Voz do Olhar*, as *ekphrasis*, em muitos casos, existem não só para interpretar de modo bastante livre as telas, mas também para despertar nelas impulsos sensuais, por vezes sugeridos pelo pintor e/ou escultor, por vezes ainda, criados pela imaginação delirante do poeta. É o que veremos a seguir num conjunto de poemas em que o erotismo marca sua presença.

Antes de tudo, porém, cremos que caberia aqui uma reflexão sobre a arte erótica. Aceitando o pressuposto de que o desejo sexual, os impulsos carnais, a sexualidade latente na primeira infância e presente nos ritos e mitos, são poderosos princípios que, ainda quando rechaçados, governam o homem e determinam seu comportamento, acreditamos que cabe à arte perpetuá-los e, em consequência, torná-los mais intensos. Nesses casos, atingem uma potência insuspeitada, devido ao fato de a experiência sexual não se tratar "de uma experiência entre outras, mas daquilo que há de mais essencial na vida"[1], conforme afirma Todorov, ao tratar do erótico nas narrativas fantásticas. A arte erótica, ao dar relevo às manifestações da sexualidade, não só as presentifica, como também desperta o leitor/espectador do letargo, podendo até lhe causar um verdadeiro choque. Isto porque a experiência sexual, sendo uma experiência vital, faz que o homem queira preservá-la a qualquer custo. Contudo, seu caráter efêmero, enquanto experiência vivida, costuma levá-la à extinção e, daí, ao esquecimento, o que faz que necessite de representações que a eternizem. Na arte erótica, torna-se um meio para um fim, porquanto "a arma mais eficaz contra o fluxo da natureza é a arte", segundo Camile Paglia, que ainda acrescenta:

> [...] os intermináveis assassinatos e tragédias da literatura estão lá para o prazer da contemplação, não como lição moral. Seu *status* de ficção, transferido para o recinto sagrado, intensifica nosso prazer, garantindo que a contemplação não pode transformar-se em ação[2].

A arte erótica serve, pois, para intensificar o prazer, não no sentido da mera excitação sexual, o que implicaria uma intervenção direta do objeto artístico na realidade, sob a forma de uma modificação físico-psíquica do sujeito. A arte visa a tornar a experiência erótica mais viva, de maneira a provocar no leitor/espectador sentimentos desconhecidos, novos, ou despertar nele sentimentos que estariam adormecidos dentro de si e que só acordam para a vida por meio de um forte estímulo, seja na representação harmoniosa do nu, seja na representação de cenas sexuais. Como a sexualidade – aceita ou negada – é uma força sempre em ebulição dentro do homem, que, as mais das vezes, costuma ser sufocada, sublimada, a sua evocação numa obra de arte tem o condão de ativar em nós os sentidos, as sen-

---

1. Tzvetan Todorov, *Introdução à Literatura Fantástica*, 3ª ed., São Paulo, Perspectiva, 2008, p. 135.
2. Camile Paglia, *Personas Sexuais*, São Paulo, Companhia das Letras, 1992, pp. 38-39.

sações, a um grau bem elevado e ajudar-nos a criar a sensação de vida pulsante. Por isso mesmo, segundo Camille Dumoulié, "o erotismo é o campo privilegiado dessa experiência da transgressão afirmativa que, todavia, nada mais afirma senão o desejo, e abre o limite ao ilimitado"[3].

Conclui-se disso tudo que o erotismo é um típico produto humano e, por consequência, deve ser considerado como algo distinto da atividade sexual em si, como bem observa Bataille:

[...] a mera atividade sexual é diferente do erotismo; a primeira se dá na vida animal, e tão somente a vida humana mostra uma atividade que determina, talvez, um aspecto "diabólico", a qual cabe a denominação de erotismo[4].

O erotismo é um dado de cultura – bem diferente da "sexualidade animal ligada, de imediato, aos órgãos da reprodução e voltada de todo para a perpetuação da espécie"[5], visa tão só ao prazer ou ao seu contrário, à exasperação, à dor, suscitadas pelo mesmo prazer, e a perpetuá-los, por meio da representação artística. Em alguns casos, até os chamados prazeres da carne, quando exigem o refinamento dos sentidos a um alto grau, merecem ser compreendidos como uma ascese às avessas, como costumava acontecer com os chamados libertinos do século XVIII, que procuravam atingir um refinamento dos sentidos, cultuando a carne. Mas seja num caso – a sexualidade que se presta tão só aos fins genésicos – seja noutro –, a sexualidade que não visa propriamente à procriação –, é preciso lidar com um dado novo, que diz respeito à questão do proibido, do interdito. Desde sempre, os costumes sociais e, por tabela, as religiões, procuraram refrear no homem o apetite sexual, tolerando-o apenas nos casos em que estaria voltado para o ato procriativo, o que provocou a proibição *in limine* da autossatisfação sexual,

3. Camille Dumoulié, *O Desejo*, Petrópolis, Vozes, 2005, p. 282.
4. Georges Bataille, *Las Lagrimas de Eros*, Barcelona, Tusquets Editores, 1981, p. 37.
5. José Paulo Paes, "Erotismo e Poesia", *Poesia Erótica em Tradução*, São Paulo, Companhia das Letras, 1990, p. 15.

do culto do erotismo, das perversões e do homossexualismo. Esses "desvios" mereceram grande destaque censório pelo fato de, nos tempos remotos, conspirarem contra a perpetuação da espécie, mais que necessária para a sobrevivência do homem na Terra. Vem daí que a sexualidade, confrontada com o sagrado, começou a ser controlada por uma série de mandamentos, de restrições, de proibições. Isso se deu porque, de modo geral, as religiões sempre tiveram como escopo a condenação da natureza animal do homem, impondo de maneira deliberada o princípio da castidade, sufocando o desejo e, quando não, aceitando a sexualidade apenas dentro dos limites da instituição do casamento. Segundo Camille Dumoulié,

[...] o cristianismo vai significar a catástrofe do desejo. Tudo começa pela Queda. E a causa do pecado original foi o desejo, que fez entrar na história, com o diabo, um elemento até então ausente da visão filosófica do desejo: a mulher. Entrada catastrófica, então, isto é, segundo a etimologia, degringolada. O desejo é com certeza *de-siderium*: afastamento de Deus, queda do céu e dos astros (*sidera*), desastre. O sentido primeiro, o sentido mais concreto do verbo latino *desiderare* é "cessar de contemplar os astros"[6].

Cria-se assim o plano do interdito que só serve para estimular ainda mais a busca do homem pelo prazer, cuja mola propulsora se encontra na proibição de praticá-lo, pois, conforme ensina Bataille, "o proibido incita à transgressão, sem a qual a ação careceria de sua atração maligna e sedutora... O que seduz é a transgressão do proibido"[7]. Aceitando-se esse princípio de que o proibido provoca a transgressão, o que explica a natureza paradoxal do homem, que cria regras, mandamentos e, ao mesmo tempo, procura transgredir essas mesmas regras e mandamentos, verifica-se que onde mais se dá essa postura transgressora é, na maioria das vezes, na sexualidade. Isso porque ela, opondo-se

6. Camille Demoulié, *op. cit.*, p. 83.
7. Georges Bataille, *op. cit.*, p. 80.

a leis restritivas, coercitivas, presta-se a afirmar a liberdade do ser humano. Como bem observou José Paulo Paes, estabelece--se um jogo dialético entre o interdito e "a transgressão, a qual, numa incoerência apenas aparente, serve exatamente para lembrá-lo e reforçá-lo: só se pode transgredir o que se reconheça proibido", o que serve para configurar a "mecânica do prazer"[8].

Aceitando-se, pois, esta oposição entre o espaço do sagrado e o do profano, observa-se que enquanto, naquele, os homens se servem de regras e mandamentos morais, visando a reprimir o que é instintivo e natural, neste, pelo contrário, procura-se afirmar a liberdade, por meio da exaltação da carne e dos sentidos. No plano da arte, é possível inclusive se pensar num outro tipo de oposição, não de todo dogmática, que se manifesta entre a arte clássica greco-latina e a cristã. Na poesia greco-latina, como nos dá fartas mostras a poesia de Dioscórides, Safo, Catulo, Marcial, o erotismo era expresso às claras, enquanto que na poesia da Idade Média em diante, se há erotismo (como de fato há), é praticado, com raras exceções, às ocultas ou veladamente, como acontece com Aretino, Ronsard, Bocage, Verlaine. Em Albano Martins, o que se nota em sua longa e profícia obra é um mais que saudável neopaganismo, não no sentido como queriam os árcades, com um artificioso retorno ao mundo clássico, mas no sentido de um sistemático culto à Natureza, ao mundo das sensações, do erotismo, da carne. É o que acontece num grande número de poemas de *A Voz do Olhar*, em que a manifestação da sensualidade está presente.

Comecemos por examinar o poema "Apolo Dito Strangford", que tem como motivo de inspiração um mármore grego do século v a.C., do Museu Britânico:

Sem braços
e sem pernas,
como podem
chamar-lhe Apolo?

8. José Paulo Paes, *op. cit.*, p. 15.

E só o sexo
aponta ainda
a direcção do sol[9].

Ao deparar com os efeitos nefastos da corrupção temporal, o poeta procura neutralizar tais efeitos, ativando na imagem da divindade o que é vital, ou mesmo o que foi vital. Se o tempo destruiu os braços, as pernas, o membro viril da estátua, o caráter vivo e apolíneo do objeto artístico subsiste tão só graças ao olhar poético que dá vazão às pulsões da sexualidade latente. É o poeta quem revela, através da *ekphrasis*, uma ilação subterrânea (de que os fragmentos da estátua mutilada constituem índices) entre o sexo e o sol e, por conseguinte, entre a ruína de um deus e sua existência como ser solar. E essa ilação é trabalhada não só com o objeto artístico, mas com o objeto artístico e sua *inserção no tempo*, no instante em que se nota no texto uma narrativa: o sexo ativo que "aponta ainda / a direcção do sol". O que restou de Apolo e tudo o que ele representa é o membro viril, que, posto que ausente, devido à mutilação, ao ser tocado pelo calor do sol, ainda possui uma carga erótica. A ativação da sexualidade frustra, assim, os malefícios da temporalidade, que mutilou a estátua, tirando-lhe os membros de intervenção no real – os braços, as pernas e, sobretudo, o pênis. Cabe ao poeta dinamizar, dar vida à estátua mutilada e, na aparência, morta, ao promover uma interligação simbólica entre forças elementares, como a libido e o fogo, que têm íntima relação entre si, conforme Jung observa: "a força vital psíquica, a libido, é simbolizada pelo sol, ou personificada em personagens de heróis com atributos solares"[10]. A deformação de que a estátua é vítima só é superada pela intervenção ecfrástica de Albano Martins – afinal, o poeta recupera um tempo imemorial, não corrosivo, não destrutivo, em que os deuses gozavam

9. Albano Martins, *A Voz do Olhar*, p. 75.
10. C. G. Jung, *Métamorphoses de L'Âme et ses Symboles*, Genêve, Librairie de l'Université, 1967, p. 341.

da imortalidade, pelo fato de comungarem de maneira ativa com as forças cósmicas.

Em "Kore", o poeta serve-se de outra estátua mutilada, que se encontra no Museu da Acrópole, em Atenas, para mostrar o que não se vê, a sexualidade latente, que retirará dessa escultura o selo de coisa morta, confinada a museus:

Do seu sorriso
de estame desprende-se
uma flor. E das tranças,
soltas como espigas
caindo-lhe dos ombros,
desabrocham
os seios. E na renda
do corpo e do seu braço
direito mutilado
dormem serpentes que umas vezes
lhe cingem os pulsos, outras
descem ao púbis, que todavia
não se vê
mas se pressente
no movimento estudado
do braço esquerdo. E é lá
que a espiga do sexo
se abre, perfumada,
como uma rosa de sangue[11].

Formalmente, a descrição da estátua, obedece a preceitos clássicos: o contemplador visita o objeto plástico partindo do ponto mais nobre do corpo, ou seja, do alto, do rosto, para as partes baixas, ligadas à terra. Mas, já nos primeiros versos, percebe-se que o frio mármore é animado com vida, quando o poeta revela que uma flor nasce no sorriso da mulher. Dá-se então uma estreita ligação entre a ideia do brotar da Natureza, presente na imagem

11. Albano Martins, *A Voz do Olhar*, p. 79.

da "rosa" e das "espigas", e da sexualidade que, de latente, ao final do poema, torna-se mais do que explícita. A começar da referência aos seios (que, como uma flor, também "desabrocham"), passando pelo púbis até chegar à vulva, metaforizada pela "espiga do sexo". Mas é importante que se assinale que o poeta revela o mecanismo da *ekphrasis*, quando se refere ao púbis, ao dizer que ele não pode ser visto, mas apenas *pressentido*. E isso se deve à leitura de um índice, o "movimento estudado / do braço esquerdo", o ato dissimulado da mulher que, apenas com um gesto, indicia a sensualidade. Ou seja: é o olhar privilegiado do poeta que ativa, dá movimento à figura representada, de modo que se revele o que está oculto ou em latência na escultura.

Ao fornecer esta chave de um suposto enigma, o poema encaminha-se de forma radical para a revelação de sua imagem mais poderosa da sexualidade, a "espiga do sexo", que "se abre", "perfumada, / como uma rosa de sangue" e para onde convergem as serpentes. Mais uma vez, se nota a presença metafórica da Natureza, a representar o instinto, o seu desabrochar que implicará a revitalização, como também acontece com a estátua de Apolo, dos instintos vitais da imagem feminina. É bem significativo, pois, que Albano Martins, por meio da *ekphrasis*, indiscretamente revele o que o olhar comum não consegue devassar, aquilo tudo que constitui o signo de vitalidade no homem: a forte presença da Natureza, a umidade da concha, os perfumes do amor, as sombras dionisíacas do mundo subterrâneo, dos instintos básicos, onde a serpente-pênis se insinua entre as rubras pétalas da rosa.

Num poema como "Ostrakon da Bailarina", o espetáculo da sexualidade latente, ativada pelo olhar poético, mais uma vez se manifesta:

O que sustenta o arco
desta ponte
são os braços e as pernas
da bailarina. A água
que ali corre derrama-se

da ânfora da cabeça e são
os seus cabelos. Se alguém
atravessar a ponte
e beber, encontra
a entrada aberta e a saída
fechada. O obstáculo
são os seios
grávidos
da bailarina. Para
além deles há apenas
o abismo. E, como alguém disse,
quando se ama o abismo,
é preciso ter asas[12].

O poeta dá vazão ao processo imaginativo, explorando ao máximo a camada metafórica, o que faz que ele aproxime realidades distintas. Sob o efeito da magia do olhar, a bailarina ganha o estatuto de ponte, em que braços e pernas são colunas, a cabeça é uma ânfora, e os cabelos, água. A imagem da ponte é bem significativa, no sentido de que o poeta iconiza o próprio processo de criação artística, fundindo duas dimensões da realidade opostas. A bailarina é ponte *apenas* para seu olhar privilegiado e é ponte para que *isto* e *aquilo* (cabeça = ânfora; cabelos = água), ao contrário do que dita o senso comum, sejam a mesma coisa. Mas, além disso, a motivação erótica também está presente na imagem do abismo, escondido pela porta dos seios. Se se ousar a entrada no mistério da bailarina, com o ato de se lhe beber os cabelos-água, há a sugestão do perfume do sexo, apenas franqueado pelos "seios grávidos", montanhas que ocultam / revelam a garganta da sexualidade, a que se teria acesso, sem o perigo do abraço mortal do abismo, apenas para quem tem asas. As asas são as asas do imaginário: só o homem possuído por visões extravagantes pode ousar ir além de sua limitação. A simbologia do sexo como atração e repulsa, do enigma da mulher-ponte,

12. *Idem*, p. 55.

que ao mesmo tempo se oferece, de maneira paradoxal, como signo de vida e morte, a sugerir o eterno embate entre Eros e Tânatos, é realizada pela contemplação de uma simples e primitiva pintura de um desconhecido objeto artístico da Antiguidade, submetido a uma transformação poética.

Mas, no caso de "Sobre um Desenho de José Rodrigues", o erotismo, já de si muito forte no objeto artístico original, a princípio, não necessitaria do poeta para ativá-lo, a partir de algo que estivesse implícito ou que sua imaginação achasse que estava implícito e que, por isso mesmo, exigisse sua interferência radical por meio da *ekphrasis*. Eis o poema:

A luz desnuda-se
nos flancos, inflama-se
nas gárgulas
dos seios, é lâmpada
de orvalho
entre as coxas[13].

Cremos que, no caso, valeria a pena uma descrição mais objetiva do desenho, para que se possa entender o processo criativo do poeta. Há nele um torso feminino desnudo, deitado de costas e iluminado por uma lâmpada, que se permite lançar um foco paradoxalmente obscuro sobre o ventre da mulher e luzes desfocadas e firmes tanto sobre os seios e o sexo dela. É esse desfoque que parece interessar ao poeta – a seus olhos, a luz é que se desnuda, como o corpo já desnudo, em contato com os flancos da figura feminina. Todavia, ela se intensifica em contato com os seios, ao se inflamar, e, sobretudo, ganha uma dimensão metafórica, quando se transforma em "lâmpada / de orvalho" ao apontar para o intervalo entre as coxas. Nesse ponto, intensifica-se ainda mais o apelo sexual com essa intervenção "desmedida" do poeta, pois se observa aí um ato de fecundação.

13. *Idem*, p. 207.

Em "O Jogo das Pedrinhas, ou os Ardis do Amor", motivado por um bronze de Corinto do século IV a.C., Albano Martins, ao se referir outra vez à sexualidade, aponta, porém, para um dado novo até agora: a malícia de que se serve a mulher para envolver os homens:

O que a cena
tem de imprevisto
não é sequer
o jogo das pedrinhas
com que um deus
e uma deusa se entretêm, mas o gesto
do indicador direito
apontado
ao olhar de Afrodite. E também
o movimento com que ela
devolve o sinal a Pã
e lhe censura
os pés de cabra. É assim
o amor no feminino: dos defeitos
se serve, com frequência,
para falsear o jogo. E há sempre
uma ave emplumada
que assiste ao lance e guarda
segredo. Que secretos são
os ardis do amor[14].

O que há de explícito no objeto artístico é mesmo o jogo de pedrinhas, com o qual se entretêm os deuses Afrodite e Pã, contudo, como era de se prever, interessa mais ao poeta o "imprevisto" que o poema, a seus olhos, pode oferecer. Assim, há um deslocamento do motivo principal – um simples jogo de pedrinhas – para um motivo talvez secundário, que envolve a decifração semiótica de gestos, um do deus, que aponta para o alto,

14. *Idem*, p. 67.

outro, da deusa, que aponta para baixo. O da divindade masculina é, até certo ponto, neutro, enquanto o dela é carregado de significado, na medida em que o poeta vê nele uma censura de caráter estético. A deusa da Beleza não só insinua a feiúra de Pã, como também lhe lembra, por extensão, sua condição animalizada, que o diferencia sobremaneira dela e que impede qualquer aproximação entre ambos. Vem daí que a palavra "jogo" ganhe dupla dimensão: atividade lúdica e prazerosa com um tabuleiro e atividade amorosa. Contudo, o que os aproxima é que, em ambos, pode-se falsear, trapacear – no caso da deusa, a respeito disso, não é difícil fazer uma ilação mais ampla, ao lembrarmos que ela era casada com um deus disforme, Vulcano, a quem enganava copulando com Marte. Daí vem que, ao se utilizar de um modelo arcaico, de valor arquetípico – a prática amorosa entre os deuses –, Albano Martins acabe por generalizar, quando trata da atitude das mulheres frente ao amor, pois, segundo o poeta, elas se servem "dos defeitos [...] com frequência, / para falsear o jogo". A afirmação categórica a fechar o texto – "há sempre" – significa que, nos jogos de amor, uma testemunha se faz presente, assistindo ao lance e às trapaças, mas guardando segredo, o que serve para acentuar a imprevisibilidade do comportamento feminino.

Em outros poemas, a revelação da sexualidade latente é apresentada de maneira muito mais radical, pelo fato de a leitura ecfrástica do poeta contemplar telas que, na aparência, nada têm de sensual; muito pelo contrário, serviriam para ostentar o recato, a espiritualidade. São os casos de "A Virgem", de Filippo Lippi e "Magdalena Strozzi", de Rafael, ambas as obras pertencentes ao século XVI. O primeiro poema é o que se segue:

De virgem, só o véu,
que nem sequer encobre
o arrepio breve das madeixas
no declive
do gesto com que pousa
a cabeça

nas almofadas
do vento. O que os olhos
e os lábios celebram
é um rito cujos
ofícios
são da terra. E o sáurio
invisível debruçado
à varanda dos seios apenas
aguarda que da gruta
mais húmida
do seu corpo a água
escorra e possa
dessedentar-se.
                    Virgens
são os batráquios, os manequins
e as estátuas. Mas estes
têm a boca selada
e o sexo vidrado[15].

O poeta, já nos primeiros versos, de modo sacrílego, contesta o caráter virginal da figura da Madona representada. Na imagem do véu, que, em princípio, serviria para velar, mas que "nem sequer encobre", nota-se o princípio de um desvelamento, que começa a se acentuar com a referência à rebeldia do cabelo e, sobremaneira, ao movimento dos olhos e lábios que celebram um "rito" ligado à terra. A sensualidade torna-se mais evidente ainda, quando ele se refere à presença de um animal subterrâneo, ligado ao instinto primário, o "sáurio", que, invisível aos olhos dos espectadores comuns do quadro, é uma presença latente, que palpita, sedento, junto aos seios da mulher. E há aqui uma clara alusão à cópula: a "gruta mais húmida" é uma referência metafórica à vulva, enquanto o ato de dessedentar-se da figura demoníaca nada mais é que a posse sexual. No final do texto, o poeta, com toda ironia, contesta o conceito de virgindade, ao di-

---

15. *Idem*, p. 109.

zer que ela só existe entre "os batráquios, os manequins / e as estátuas", pelo fato de eles terem a "boca selada / e o sexo vidrado", ou seja, como seres simbolicamente castrados, são por natureza impedidos de beijar e, por consequência, de copular.

O que ocorre neste poema perturbador é um processo de desmonte por parte do poeta de uma espécie de hipocrisia, presente numa época de grande repressão sexual. Como a sexualidade e a vida instintiva eram consideradas, do ponto de vista religioso, nefastas, pecaminosas, deviam ser reprimidas ou sublimadas. Na arte pictórica da Idade Média e mesmo da Renascença, em muitos casos, este efeito de sublimação acontecia, de modo geral, por meio da representação das mulheres, nas telas e murais, como figuras recatadas de santas, Virgens e Madonas. O que Albano Martins faz, ao afastar o véu de espiritualidade, que encobria essas figuras estereotipadas, é revelar, nelas, a sexualidade mascarada. A Virgem, de seu ponto de vista, é, antes de tudo, mulher e mulher com desejos, frise-se bem. Com esse modo de ver a figura feminina, Albano Martins nega, rechaça, na figura arquetípica da Virgem Maria, algo muito caro à teologia cristã: a quase divinização da figura feminina, que chega, segundo reza a Bíblia, ao ponto de conceber sem a cópula e, por extensão, sem o pecado, como é praxe entre o comum dos mortais.

É o que acontece também no outro poema, inspirado numa tela de Rafael, em que o poeta, de certo modo, a descreve às avessas, para investir sobre os interstícios da sensualidade latente. Em realidade, o pintor italiano teria sido motivado por uma concepção platônica da mulher, pois pintou o quadro "num tempo, / diz-se, em que a única / riqueza apetecível / não vinha da matéria", contudo, ele se trai no ato da prática pictórica:

Na opulência
das formas, no volume
dos seios e nos bolbos
das maçãs do rosto colhe
o pintor o feitiço
da abastança.
[...]

A sensualidade salta aos olhos na descrição do corpo da mulher, no qual se destacam o volume, a opulência dos seios e das maçãs do rosto. A pergunta que fecha o poema atenta de novo para uma contradição interna de uma época que celebrava a alma, em detrimento do corpo, mas que, contudo, revelava em suas frinchas a sensualidade latente:

[...]
Que outra
contradição maior
senão esta: vestir
o corpo
com os ouros
da alma e deixar
que a vida se cumpra
por si mesma?[16]

Mais uma vez se percebe a intervenção personalíssima do poeta num objeto das artes gráficas – a sua leitura, muito subjetiva, menos descreve o objeto que tem diante de si do que desenvolve, por meio dele, uma reflexão própria. A *ekphrasis*, nesses dois últimos textos, ao afirmar a sexualidade, tem como escopo uma reflexão crítica sobre uma determinada concepção da figura feminina – neste sentido, os poemas atestam a soberania dos impulsos carnais sobre os espirituais, ainda que estes, na aparência, tivessem privilégio sobre aqueles.

16. *Idem*, p. 113.

5

A *Ekphrasis* como a Expansão do Olhar

Nesse percurso por objetos artísticos de diferentes épocas e regiões, Albano Martins vence as artimanhas da temporalidade, porquanto viajar nas obras de arte de um passado imemorial ou de um presente, que se vai esgotando, tem como resultado anular os efeitos do transitório e fazer com que os dedos rocem pela plumagem da eternidade. Quando o poeta depara com a corrosão temporal, supera-a, servindo-se da imaginação criadora, que coagula o tempo, extirpando dele o que há de corrosivo. Mas não só isto: ao ativar os implícitos dos objetos das artes gráficas, dá voz e movimento às figuras que assim têm a condição de contar uma história desconhecida. Essas narrativas poéticas liberam pulsões que fazem da letra morta letra viva, principalmente quando se dá vazão à sexualidade, como vimos em alguns textos.

Contudo, o poeta usa de um material diverso nessa sobreposição de signo-sobre-signo – não as cores, linhas, formas, volumes, expressos pelo pincel, pela mão, pelo camartelo, pelo formão, mas as palavras, que têm o condão de despertar ressonâncias, capazes de abrir uma dimensão absolutamente nova em relação à obra que lhe serviu de ponto de partida. Em Albano Martins, essa dimensão absolutamente nova salta logo aos olhos porque, dedicando todo o livro à interpretação e/ou leitura de obras das artes plásticas, em vez de se comportar como um comentador passivo de um objeto artístico, no sentido de se colar ao motivo, põe a nu sua interpretação da obra, enveredando pelo campo do onírico, desvelando o que está implícito nesse mesmo objeto ou projetando imagens para um mais além, por meio de sua imaginação delirante. Essa ativação de objetos das artes gráficas pela imaginação poética seria similar à de uma exegese crítica, somente que acrescida de uma espécie de câmara de eco – em vez de procurar a denotação, necessária à objetividade, ao distanciamento do olhar que analisa, interpreta, pelo contrário, o poeta avança o sinal e como que reduplica o olhar-matriz que, por primeiro, contemplou o real. Olhar crítico de viés, olhar parelho, correndo paralelo a, altamente irônico, no sentido de quem lê, mas quer ser, acima de tudo, lido.

Representaríamos esse olhar do olhar do seguinte modo:

expansão artística.

O artista (indicado por *a*, no gráfico), pintor, escultor, interage com o mundo, formando imagens mentais de objetos e seres e, em seguida, criando uma representação, o *objeto estético*, que, por sua vez, se deixa apreender pelo olhar de um espectador (indicado por *b*, no gráfico) que simplesmente extrai um prazer estético, ou indo além, ao promover a exegese crítica, meio de ativar as potencialidades da obra de arte. Bem diferente é a postura do poeta, privilegiado espectador (indicado por *c*, no gráfico), porque, ao experimentar o prazer estético da pura contemplação, potencializa-o na criação de um objeto estético paralelo, com vida própria, preenchendo um vazio, deixado quando o prazer estético, após a contemplação, correr o risco de diluir-se no lago do esquecimento.

É o que, de modo geral, acontece na relação entre um objeto artístico e um espectador e/ou leitor não privilegiado: no contato neurótico, em que ocorre a anulação do eu, ou a sua projeção ou a projeção de conteúdos recalcados sobre a obra de arte, as mais das vezes, o que se verifica após a contemplação e/ou leitura, é apenas a permanência de resíduos: um detalhe decorativo, uma palavra, uma imagem ou mesmo uma vaga tonalidade. A dissipação do efeito, mesmo que natural e previsível, leva a uma sensível perda. A beleza – fulgurâncias de luz – permanecerá depois da contemplação, tão só como vaga recordação, ou diluída nebulosa, na mente carente do contemplativo. Daí vem que o desejo, na perda, deseje outra vez ser aplacado, renovando o procedimento neurótico de contemplar e projetar-se. Na arte contemporânea, muitas vezes, essa perda de impressões é mitigada pelo recurso da obra aberta, que provoca o espectador/leitor, fazendo dele um cooperador ativo com o objeto artístico ou mesmo fazendo que a fruição não se esgote no instante mesmo da contemplação. A memória afetiva exercerá um papel fundamental nesse processo, na medida em que for ativada pelo instrumental do artista. Mas há outros recursos igualmente eficientes, por meio dos quais se pretende que a fruição ganhe ressonâncias, à semelhança de uma melodia que ressoa por muito tempo, mesmo após a cessação da sonoridade que serviu de ponto de partida de todo o processo.

Esse procedimento poético empreendido pelo poeta, o de potencializar um objeto artístico, sob o influxo da mosca da imaginação, chamaríamos, na falta de uma expressão mais precisa, de "expansão energizada", um processo oposto ao da "entropia". Transferindo-se a questão entrópica para o âmbito da arte, verificaremos idêntico processo: a contemplação de um objeto estético por um espectador implica acúmulo de energia ou mesmo uma energização positiva de seu imaginário; em contrapartida, implica também, após o processo da contemplação, entropia ou perda de energia, pela dissipação progressiva daquilo tudo que se potencializou na mente do contemplativo. Já Albano Martins, ao ampliar a visão de um objeto estético, procede de modo antientrópico, no sentido de que, em vez de deixar o prazer da contemplação dissipar-se na memória, energiza-o, projetando outro objeto estético. Numa relação de vasos comunicantes, a energia inicial (organizada em signos visuais) transforma-se em outro tipo de energia (organizada em signos auditivos, capazes também de evocar signos doutra ordem), capaz de deflagrar outro processo imaginativo, de modo a não deixar que se cumpra o postulado da 2ª Lei da Termodinâmica, ou seja, o encaminhamento da ordem para a desordem. *Energizando-se o olhar*, à ordem segue-se a ordem, ao cosmo, cosmo.

Nessa relação entre o objeto pictórico e/ou escultórico e o poético, acontece dupla instalação da ordem: o contemplador vagueia do objeto pictórico e/ou escultórico para o poema e vice-versa, e a energia pulsante escorre (como em vasos comunicantes, voltamos a frisar), sofrendo um constante processo de transformação. Volumes, formas, linhas, cores transmudam-se em música, assim como a música, similar a que sai do bico do galo[1], quer-se como cor que canta o surgir da plenitude da aurora. É o dia, imaginado pelo poeta, que nos retira da condição nadificante. E nesse jogo de vaivém entre o objeto estético e o poema, instaura-se uma rede de significados, ou se se quiser uma ponte que basta por si mesma, fundindo o onírico ao onírico – em suma, ela é autorreferencial, tessitura que oculta o abismo do não-sentido.

---

1. Ver o poema na página 127.

Entrevista com o Poeta

– *Quando em sua vida começou o interesse pelas artes plásticas?*

– Impossível precisar agora, a anos-luz de distância, o exato momento em que o olhar foi surpreendido pelas representações artísticas, nomeadamente as pictóricas e escultóricas. Julgo, porém, que terá sido no momento em que, surpresos, os olhos chocaram com a realidade estampada na tela, no mármore ou no bronze.

– *Você, por acaso, chegou a estudar/praticar pintura, escultura?*

– Não, nunca fiz estudos nessas áreas, nem, tampouco, ensaiei alguma vez a "prática" da pintura ou da escultura. A palavra e os seus instrumentos sempre estiveram mais próximos de mim no diálogo comigo mesmo e com o universo.

– *Em seu "museu" particular, parece-me, salvo erro, que há mais telas/esculturas de artistas contemporâneos do que dos clássicos. Haveria algum motivo?*

– É verdade que as paredes e compartimentos da minha casa – o meu "museu" particular, como diz – exibem mais obras "de artistas contemporâneos do que dos clássicos". E deve acrescentar-se, já agora: mais portugueses que estrangeiros. O motivo é simples: trata-se, em geral, do resultado da colaboração de artistas plásticos em obras de minha autoria, os quais, após a publicação destas, num gesto de camaradagem e, simultaneamente, de generosidade, me presentearam com as suas criações.

– *Podia me falar um pouco dos artistas que frequentam as paredes e móveis de sua casa?*

– São vários e de diversas origens e tendências os pintores e escultores cujas obras ornam os espaços da minha casa. No campo da escultura: José Rodrigues, Helder Carvalho, Laureano Ribatua, Avelino Rocha, José Vieira, Francisco Simões, Aureliano Lima. Trata-se, na sua maioria, de grandes escultores, com nome assegurado na história da arte em Portugal. Dos pintores (e, convém referi-lo, alguns dos escultores são também pintores), cito-lhe: Júlio, Júlio Resende, Mário Botas, Cruzeiro Seixas, Jorge Pinheiro, Noronha da Costa, Armanda Passos, Emerenciano, António Fernando, Luís Demée, Armando Alves, Manuel Malheiro, José Duarte, António Alves, Francisco Laranjo, entre outros. Mas há também o brasileiro Gonçalo Ivo, filho do poeta Lêdo Ivo, recentemente falecido, e o poeta Raul de Carvalho, que na última fase da sua vida à pintura dedicou boa parte do seu tempo. Uma das suas "caligrafias" (nome que dava aos seus "bonecos") foi recentemente mostrada em Paris, numa exposição organizada pela Fundação Calouste Gulbenkian, sob o título "Artistes-Poètes, Poètes-Artistes. Poésie et Arts Visuels du XXe Siècle au Portugal".

– *De seu ponto de vista, que tipo de sensações/emoções as pinturas e esculturas despertam no espectador?*

– As que, através do olhar, ferem a sensibilidade e a inteligência do observador. As que, tratando-se da pintura, radicam na composição do quadro, na combinação das formas e das cores (também na proeminência ou irrelevância destas), no traço do desenho e, ainda, no embrião da narrativa nele eventualmente esboçada. Se se tratar de escultura, a proporção das formas e dos volumes, a originalidade implicada na representação dos modelos, se os houver, e, não os havendo, na visão criativa do real.

– O que diferencia o impacto das artes plásticas no espectador e o da poesia no leitor?

– As artes plásticas, que são essencialmente representativas, é através da imagem, das formas e das cores que estimulam a sensibilidade estética do observador. Para o mesmo efeito, a poesia serve-se da palavra e das metamorfoses por ela engendradas.

– Qual a relação de linguagem que se estabelece entre as artes plásticas e a poesia?

– Ambas falam a linguagem da criação, mas são diferentes os meios e os instrumentos utilizados pelos criadores para a obtenção dos seus fins. A cada passo, porém, ambas tentam interferir mutuamente nos respectivos territórios.

– O crítico James A. W. Heffernan, em seu ensaio "Ekphrasis and Representation", diz que "a ekphrasis tipicamente representa o suspenso momento da arte gráfica, não por recriar sua fixidez em palavras, mas preferencialmente por libertar seu embiônico impulso narrativo". O que acha desta reflexão?

– A *ekphrasis* (do grego *écphrasis*) é, por definição, uma "descrição". Descreve-se o que se vê. Por isso a *ekphrasis* é, essencialmente, uma operação dos sentidos (especificamente: uma operação do olhar). Dela se poderá dizer, sim, que do mesmo passo em que é "suspenso o momento da arte gráfica" (da representação de algo através da pintura) se transfere para o poema a função narrativa/descritiva que a poesia habitualmente dispensa (segundo o moderno conceito, ao menos). Daí, então, o celebrado *ut pictura poesis* horaciano. São clássicos, em Homero, o exemplo da descrição do escudo de Aquiles e, em Teócrito, o do vaso do Idílio I.

– Quando é que começou em você esta elaboração dos poemas ecfrásticos, que culminou com o livro A Voz do Olhar?

– Terá sido a partir do ano de 1969 /70, quando, após a minha transferência, mediante concurso, da cidade de Évora para a de Vila Nova de Gaia, onde, como sabe, estou radicado, entrei em contato com o meio artístico portuense e os seus agentes. O Porto era, e é, uma cidade com fortes tradições artísticas. Pela sua Escola Superior de Belas-Artes passaram grandes nomes da pintura portuguesa contemporânea (cito-lhe alguns exemplos: Dordio Gomes, Augusto Gomes, Júlio Resende, António Quadros, Luís Demée) e foi também ali que se formaram os famosos "4 Vintes", isto é, Jorge Pinheiro, José Rodrigues, Armando Alves e Ângelo de Sousa, este já desaparecido. E há também, no Porto, a Cooperativa Artística Árvore, que ao largo dos anos tem desenvolvido uma notável ação em prol das Artes.

– *De onde lhe veio este forte impulso para "reescrever" obras das chamadas artes plásticas?*

– Foi, penso eu, o resultado de um impulso natural, uma tentativa espontânea de desvendar o mistério que se oculta por detrás das formas e das cores. Os meus poemas ditos ecfrásticos são leituras, interpretações, visões, se quiser, não "descrições" dos objetos artísticos que lhe servem de pretexto. É por isso que, a meu ver, os poemas vivem por si mesmos, ainda que, na edição original de *A Voz do Olhar*, tenha havido a preocupação de fazer acompanhar cada um deles com a reprodução do respectivo objeto artístico.

Ut pictura poesis, *dizia o velho Horácio. Há alguma diferença entre esse conceito clássico de poesia e sua poesia de feição ecfrástica?*

– Como afirmei antes, os meus poemas ditos ecfrásticos são apenas leituras, visões (apetece-me dizer: ficções), que não se destinam a esclarecer ou desvendar o sentido oculto atrás das formas ou das cores dos objetos artísticos. Com os olhos postos neles, a imaginação parte à desfilada, movida pela força da analogia e da sugestão, suportada pelo ardor das metáforas e outras figuras do arsenal retórico. Com esses materiais se constrói o poema. Se este pode ser entendido "como uma pintura", ao modo horaciano, compete à crítica dizê-lo.

– *Dos sessenta e um poemas de A Voz do Olhar, onze são dedicados a Miró. A que se deve esse privilégio dado ao pintor catalão, a ponto de ele merecer uma seção especial em seu livro?*

– Mantive com a pintura de Miró uma relação conflituosa ou, pelo menos, de desconfiança até ao momento em que, na década de 90 do século passado, em Madrid, no Museu Reina Sofía, vi uma vasta exposição sua denominada "As Constelações". Foi o deslumbramento. Por outras palavras: fiquei completamente rendido. Escrevi então a série de poemas que constituem a seção de *A Voz do Olhar* intitulada "Nos Jardins de Miró", já traduzida para castelhano pelo meu amigo e professor Perfecto Cuadrado e publicada no volume *Homenatge de les Lletres* (Palma, Promomallorca Edicions, 2008, pp. 35-59). Tornando-se inviável, na altura, editorialmente falando, a publicação, em volume, dos onze poemas, pareceu-me que não seria descabido integrá-los em *A Voz do Olhar*, formando com eles um capítulo à parte. Essa a verdadeira história dum amor que, sendo talvez serôdio, mantém intacto, todavia, todo o fervor de então. Acrescentaria apenas isto: que o halo noturno – ia a dizer, onírico – que envolve as telas de Miró quis eu que também estivesse presente nos meus poemas. Se o consegui ou não, outros o dirão.

Vila Nova de Gaia, 26 de Julho de 2013
Albano Martins

Bibliografia

Dos Autores

Bocage. *Poemas Escolhidos*. São Paulo, Cultrix, 1974.

Faria, Almeida. *"Vanitas, 51, Avenue d'Iéna"*, Lisboa, Fundação Calouste Gulbenkian, 2007.

Homero. *Ilíada*. Rio de Janeiro, Ediouro, 2011, Canto XVIII.

Keats, John. *Selected Poems*. New Jersey, Random House, 1993.

Martins, Albano. *Inconcretos Domínios*. Póvoa de Varzim, Edições Nova Renascença, 1980.

_____. *Entre a Cicuta e o Mosto*. Lisboa, Átrio, 1992.

_____. *A Voz do Olhar*. Porto, Edições Universidade Fernando Pessoa, 1998.

_____. *Escrito a Vermelho, Assim São as Algas* (poesia 1950-2000). Porto, Campo das Letras, 2000.

Mendes, Murilo. "O Casal Arnolfini". *Ilustrações,* n. 129/130, jul. 1993, p. 81.

Oliveira, Alberto de, *apud* Moisés, Massaud, *A Literatura Brasileira através dos Textos*. 10. ed., São Paulo, 1983, pp. 215-216.

Pessoa, Fernando. *Ficções do Interlúdio, Fernando Pessoa, Obra Poética*. Rio de Janeiro, Aguilar, 1972.

PRADE, Péricles. *Os Milagres do Cão Jerônimo*. 5. ed., Florianópolis, Letras Contemporâneas, 1991.

_____. *Correspondências – Narrativas Mínimas*. Porto Alegre, Movimento, 2009.

QUEIRÓS, Eça de. *O Primo Basílio*. São Paulo, FTD, 1994, p. 305.

RIMBAUD, Arthur. *Oeuvres poétiques*. Paris, Garnier-Flammarion, 1964.

SARAMAGO, José. *Ensaio sobre a Cegueira*. São Paulo, Companhia das Letras, 1995.

STEVENS, Wallace. "Anedoct of the Jarr", *apud* MITCHELL, W. J. T., "La Écfrasis y el Otro". *Teoría de la Imagen*. Madrid, Akul, 2009, pp. 137-162, 158, 149.

TEÓCRITO. *Bucoliques Grecs* – Tome I – *Théocrite,* Paris, Les Belles Lettres, 9ª tirage, 2002, "Idílio I", Tirsis, vv. 25-55, pp. 21-22. Tradução inédita de Albano Martins.

VERLAINE, Paul. *Oeuvres poétiques complètes*. Paris, Gallimard, 1965.

SOBRE A DESCRIÇÃO E A *EKPHRASIS*

ADAM, Jean-Michel e PETITJEAN, A. *Le texte descriptf.* Paris, Nathan, 1989.

ADAM, Jean-Michel. *La description*. Paris, PUF, 1993.

BARTSCH, Shad. *Decoding the Ancient Novel: The Reader and the Role of Description in Heliodorus and Achilles Tatius*. Princepton, 1989, *apud* HEFFERNAN, James A. W., "*Ekphrasis* and Representation". Baltimore, The Johns Hopkins University Press, *New Literary History,* 1991, 22: 297-316, nota 1.

BOZEC, Yves le. "*Ekphrasis* de mon coeur, ou l'argumentation par la description pathétique". *Littérature,* Paris, Larousse, n. 111, out.; 1998: 111-124.

CARLOS, Luís Adriano. *O Arco-íris da Poesia:* Ekphrasis *em Albano Martins*. Porto, Campo das Letras, 2002.

CASSIN, Barbara. *L'effet sophistique*. Paris, Gallimard, 1955.

_____."*L'ekphrasis:* du mot au mot". *Dictionnaires Le Robert*, Paris, Seuil, 2003 [en ligne]. Disponível em: <http://www.robert.bvdep.com/public/vep/PAges HTML/$DESCRIPTION1.HTM>.

BIBLIOGRAFIA 159

Curtius, Ernst Robert. *Literatura Europeia e Idade Média Latina*. Rio de Janeiro, INL, 1957.

Desbordes, F. *La rétorique antique*. Paris, Hachette, 1996.

Fontanier, Pierre. *Les figures du discours*. Paris, Flammarion, 1968.

Gomes, Álvaro Cardoso. "Energizando o Olhar: A *Ecfrásis* em Albano Martins". *Revista da Universidade Fernando Pessoa*, vol. 4, pp. 47--55, Porto, 1999.

_____. *"Ecfrásis* e o Diálogo Intertextual em Péricles Prade". *Alçapão de Imagens*. São Paulo, Pantemporâneo, 2012.

Hamon, Philippe. *Du descriptif*. 3. ed. Paris, Hachette.1993.

Heffernan, James A. W. *"Ekphrasis* and Representation". *New Literary History*, vol. 22, n. 2, Charlottesville, The University of Virginia, Spring 1991: 297-316.

Krieger, Murray. *Ekphrasis: The Ilusion of the Natural Sign*. Baltimore/London, John Hopkins UP, 1992.

Martinho, Fernando J. B. "Ver e Depois: A Poesia Ecfrástica em Pedro Tamen". *Colóquio/Letras*, Lisboa, n. 140/141, abr.-set. 1996, pp. 258-262.

Mitchell, W. J. T. "La Écfrasis y el Otro". *Teoría de la Imagen*. Madrid, Akal, 2009, pp. 137-162, 158.

Moisés, Massaud. "Albano Martins: A Poética do Olhar". *A Literatura como Denúncia*. São Paulo, Íbis, 2002, pp. 208-225.

_____. *Dicionário de Termos Literários*. 12. ed., São Paulo, Cultrix, 2004, pp. 135-136.

Pires, Alessandra. "A *Ekphrasis* e o *Manual de Pintura e Caligrafia* de José Saramago." *Tempo e Memória*, n. 7, 2007. Revista da Universidade São Marcos. São Paulo, SP, Brazil (11- 25).

Spitzer, Leo. *Linguística e Historia Literaria*. Madrid, Gredos, 1955.

Théon, Aelius. "Exercices Pré-liminaires". *Apud* Desbordes. F., *La réthorique antique*. Paris, Hachette, 1996, p. 135.

Geral

Abrams, M. H. *El Espejo y la Lámpara*. Buenos Aires, Editorial Nova, 1962.

ADES, Dawn. *O Dadá e o Surrealismo*. [S.l.p.], Editorial Labor do Brasil, 1976.

BORER, Alain. *Joseph Beuys*. São Paulo, Cosac & Naif, 2001.

BATAILLE, Georges. *Las Lagrimas de Eros*. Barcelona, Tusquets Editores, 1981.

BENJAMIN, Walter. *Passagens*. Belo Horizonte, UFMG/Imprensa Oficial de São Paulo, 2007.

BLOOM, Harold. *The Anxiety of Influence. A Theory of Poetry*. Oxford, Oxford University Press, 1997.

CAPRA, Fritjof. *O Ponto de Mutação*. 7. ed., São Paulo, Cultrix, 1988.

DICIONÁRIO AULETE. Disponível em: <http://aulete.uol.com.br/site. php?mdl=aulete_digital&op=loadVerbete&pesquisa=1&palavra=l egenda>.

DUMOULIÉ, Camille. *O Desejo*. Petrópolis, Vozes, 2005.

ELIOT, T. S. *Selected Essays* (1961, p. 145). *Apud* Massaud Moisés. *Dicionário de Termos Literários*. 12. ed., rev. e amp., São Paulo, Cultrix. 2004, p. 91.

GAY, Peter. *Modernismo: O Fascínio da Heresia*. São Paulo, Companhia das Letras 2009, p. 120.

GOMES, Álvaro Cardoso. *A Estética Simbolista*. São Paulo, Atlas, 1994.

_____. *A Poética do Indizível*. São Paulo, Unimarco, 2001.

HORÁCIO. *Arte Poética*. Lisboa, Clássica Editora, s.d.

JUNG, C. G. *Métamorphoses de l'âme et ses symboles*. Genéve, Librairie de l'Université, 1967.

KNOLL, Ludwig e JAECKEL, Gehard. *Léxico do Erótico*. Lisboa, Bertrand, 1977.

MELLO, Carlos Antônio Andrade. "Um Olhar sobre o Fetichismo". *Reverso*, ano 29, n. 54, pp. 71-76, Belo Horizonte, set. 2007, p. 72.

NOGUEIRA, Érico. *Vontade, Contenda e Poesia nos Idílios de Teócrito*. Tese de doutorado defendida na USP, em 2012.

PAES, José Paulo. "Erotismo e Poesia". *Poesia Erótica em Tradução*. São Paulo, Companhia das Letras, 1990.

PAGLIA, Camile. *Personas Sexuais*. São Paulo, Companhia das Letras, 1992.

PAZ, Octavio. *O Arco e a Lira*. Rio de Janeiro, Nova Fronteira, 1982, p. 123.

BIBLIOGRAFIA

REYNAUD, Maria João. *Fernando Echevarría, Enigma e Transparência*. Porto, Caixotim, 2001.

SANT'ANNA, Affonso Romano de. *Paródia, Paráfrase & Cia*. 4. ed., São Paulo, Ática, 1991.

TEIXEIRA, Eliane de Alcântara. *O Insólito e a Desumanização em Ensaio sobre a Cegueira de José Saramago*. Braga, Vercial, 2014.

_____. e GOMES, Álvaro Cardoso. *A Literatura e as Artes Visuais: Diálogos em Espelho*. São Paulo, Pantemporâneo, 2010.

TODOROV, Tzvetan. *Introdução à Literatura Fantástica*. 3. ed., São Paulo, Perspectiva, 2008.

Obras do Autor

◆

Livros acadêmicos

Bocage (Poemas Escolhidos). Sel. de textos, pref, org. e notas. São Paulo, Cultrix, 1975; 2. ed. São Paulo, Clube do Livro, 1981.

A Metáfora Cósmica em Camilo Pessanha. São Paulo, USP, 1977.

Pequeno Dicionário de Literatura Portuguesa (dir. Massaud Moisés). São Paulo, Cultrix, 1980.

Português Para o Segundo Grau (3º vol.). São Paulo, Cultrix, 1980.

Dalton Trevisan (em co-autoria com Carlos Alberto Vechi). Sel. de textos comentados, org. e notas. São Paulo, Abril Cultural, 1981.

Jorge Amado. Sel. de textos, estudos e notas, São Paulo, Abril Cultural, 1982.

Gil Vicente. Sel. de textos, estudos e notas. São Paulo, Abril Cultural, 1982.

A Estética Simbolista. 1. ed. São Paulo, Cultrix, 1985; 2. ed. São Paulo, Atlas, 1993.

A Poesia Simbolista. Sel. de textos, pref., org. e notas. São Paulo, Global, 1986.

Fernando Pessoa: as Muitas Águas de um Rio. São Paulo, Pioneira, 1987.

164   A POESIA COMO PINTURA

O Poético: Magia e Iluminação. São Paulo, Perspectiva, 1989.

Introdução ao Estudo da Literatura (em co-autoria com Carlos Alberto Vechi). São Paulo, Atlas, 1991.

A Estética Romântica (em co-autoria com Carlos Alberto Vechi). São Paulo, Atlas, 1992.

A Voz Itinerante (O Romance Português Contemporâneo). São Paulo, Edusp, 1993.

O Simbolismo. São Paulo, Ática, 1994.

A Estética Surrealista. São Paulo, Atlas, 1995.

Capitães da Areia. Sel. de textos, estudo dirigido e notas. São Paulo, Ática, 1996.

A Santidade do Alquimista. São Paulo, Unimarco, 1997.

A Poética do Indizível. São Paulo, Unimarco, 2001.

A Melodia do Silêncio. Vila Nova de Famalicão, Quasi, 2005.

Os Seres Vegetais. São Paulo, Fundação Memorial da América Latina, 2007.

A Literatura e as Artes Visuais: Diálogos em Espelho (em co-autoria com Eliane de Alcântara Teixeira). São Paulo, Pantemporâneo, 2010.

Alçapão de Imagens: A Ficção Onírico-erótica de Péricles Prade. São Paulo, Pantemporâneo, 2012.

FICÇÃO & POESIA

A Teia de Aranha (contos). São Paulo, Ática, 1978.

O Senhor dos Porcos (contos). São Paulo, Moderna, 1979.

Objeto Não Identificado (contos). São Paulo, Com/Arte, 1981.

O Sereno Cristal (poesia). São Paulo, Delphos, 1981.

A Muralha da China (romance, em co-autoria com Ricardo Daunt Neto). São Paulo, T. A. Queiroz, 1982.

O Sonho da Terra (romance). São Paulo, L&R, 1982, prêmio Bienal Nestlé.

Quadros da Paixão (romance). São Paulo, Global, 1984.

A Cidade Proibida (romance). São Paulo, Moderna, 1997.

Os Rios Inumeráveis (romance). Rio de Janeiro, Topbooks, 1997.

OBRAS DO AUTOR

A Divina Paródia (romance). Rio de Janeiro, Globo, 2001.

Contracanto (romance). Rio de Janeiro, Topbooks, 2002.

Ficções Lunares (prosa poética). São Paulo, Terceiramargem, 2007.

A Boneca Platinada (romance). São Paulo, A Girafa, 2007.

Concerto Amazônico (romance). São Paulo, Ateliê Editorial, 2008.

O Comando Negro (romance). São Paulo, Globo, 2009.

As Joias da Coroa (romance). São Paulo, Alaúde, 2011.

As Duas Mortes De Osama Bin Laden (romance). São Paulo, Alaúde, 2012.

Inventário da Sombra (romance). Braga, Vercial, 2014.

Guerra não Declarada (contos). Braga, Vercial, 2014.

LITERATURA JUVENIL

A Hora do Amor. São Paulo, FTD, 1986.

A Grade Decisão. São Paulo, FTD, 1987.

A Hora da Luta. São Paulo, FTD, 1988.

Amor & Cuba-Libre. São Paulo, FTD, 1989.

O Diário de Lúcia Helena. São Paulo, FTD, 1992.

Amor de Verão. São Paulo, Moderna, 1992.

A Casa do Terror. São Paulo, Moderna, 1993.

Ladrões de Tênis. São Paulo, FTD, 1993.

Para Tão Longo Amor. São Paulo, Moderna, 1994.

Sonata ao Luar. São Paulo, FTD, 1995.

Fase Terminal. São Paulo, FTD, 1995.

O Número 1. São Paulo, Moderna, 1995.

Circe. São Paulo, Íbis, 1995.

Marta & William. São Paulo, FTD, 1996.

A História Final. São Paulo, FTD, 1997.

Muito Além das Estrelas. São Paulo, Moderna, 1997.

Perigos na Noite Escura. São Paulo, FTD, 1997.

No Tempo dos Dinossauros. São Paulo, Quinteto, 1997.

O Mistério do Chupa-Cabras. São Paulo, FTD, 1998.

Meu Filho, o Extraterrestre. São Paulo, Quinteto, 1999.

Brasil: a Descoberta. São Paulo, Quinteto, 1999.

A Vida por um Fio. São Paulo, FTD, 2000.

Aprendendo a Crescer. São Paulo, Mercuryo Jovem, 2001.

Ladrões de Almas, São Paulo, FTD, 2001.

Por Mares Há Muito Navegados (releitura de *Os Lusíadas*). São Paulo, Ática, 2002.

Invasores do Espaço Sideral. São Paulo, Quinteto, 2003.

Memórias de um Jovem Padre (releitura de *O Crime do Padre Amaro*). São Paulo, Ática, 2003.

De Mãos Atadas. São Paulo, Ática, 2004.

Viver Tem Dessas Coisas, Mano. São Paulo, FTD, 2004.

Este Amor Veio Pra Ficar. São Paulo, Ática, 2005.

A Colina Sagrada (em pareceria com Milton M. Azevedo). São Paulo, Quinteto, 2006.

A Prima de um Amigo meu. São Paulo, Ática, 2006.

Auto do Busão do Inferno. São Paulo, Ática, 2007.

No Alto da Serra. São Paulo, Ática, 2010.

O Poeta que Fingia. São Paulo, FTD, 2011.

Parceiros de Crime. São Paulo, Editorial 25, 2011.

Liberdade ainda que Tardia. São Paulo, FTD, 2012.

Memórias quase Póstumas de Machado de Assis. São Paulo, FTD, 2014.

Literatura infantil

O Menino Invisível. São Paulo, FTD, 1988.

O Gato de Papelão. São Paulo, Moderna, 1989.

A Varinha Mágica. São Paulo, FTD, 1999.

O Dia em que o Sol Sumiu. São Paulo, FTD, 2000.

O Elefante Xadrez. São Paulo, FTD, 2003.

Que Bicho É? São Paulo, Editorial 25, 2011.

O Retorno do Menino Invisível. São Paulo, Editorial 25, 2011.

Título	*A Poesia como Pintura: A* Ekphrasis *em Albano Martins*
Autor	Álvaro Cardoso Gomes
Editor	Plinio Martins Filho
Produção Editorial	Aline Sato
Capa	Tomás Martins (projeto) Henrique Xavier (ilustração)
Revisão	Plinio Martins Filho
Editoração Eletrônica	Camyle Cosentino
Formato	12,5 × 20,5 cm
Tipologia	Minion Pro
Papel	Pólen Soft 80 g/m² (miolo) Cartão Supremo 250 g/m² (capa)
Número de Páginas	168
Impressão e Acabamento	Gráfica Vida e Consciência